家藏文库

大学 中庸

顾迁 注译

中州古籍出版社
·郑州·

图书在版编目(CIP)数据

大学 中庸 / 顾迁注译. —郑州：中州古籍出版社，2017.7（2022.3重印）
（家藏文库）
ISBN 978-7-5348-7091-0

Ⅰ.①大… Ⅱ.①顾… Ⅲ.①儒家 ②《大学》－译文 ③《大学》－注释 ④《中庸》－译文 ⑤《中庸》－注释 Ⅳ.① B222.1

中国版本图书馆 CIP 数据核字（2017）第 110439 号

JIACANG WENKU：DAXUE ZHONGYONG

家藏文库：大学 中庸

选题策划	卢欣欣 赵发杰
约稿统筹	卢欣欣
责任编辑	赵建新
责任校对	李春艳
封面设计	王 歌
版式设计	曾晶晶

出 版 社	中州古籍出版社（地址：郑州市郑东新区祥盛街 27 号 6 层 邮编：450016 电话：0371-65788693）
发行单位	河南省新华书店发行集团有限公司
承印单位	河南新华印刷集团有限公司
开 本	640 mm × 960 mm 1/16
印 张	13.75
字 数	165 千字
版 次	2017 年 7 月第 1 版
印 次	2022 年 3 月第 2 次印刷
定 价	25.00 元

本书如有印装质量问题，请与出版社调换。

导　读

一

《大学》《中庸》作为儒家典籍《礼记》中的两篇，在中国学术思想史上占据了极其重要的地位。相传《大学》出于曾子之手，《中庸》为子思手笔，代表儒学谱系之正脉，故此二篇自汉代以来即常被抽出单行。清末学者皮锡瑞指出，《汉书·艺文志》于"礼记"百三十一篇外，已别出《中庸》二篇；南朝梁武帝，不仅作《礼记大义》十卷，又作《中庸讲疏》一卷；到了宋朝，仁宗皇帝更以《大学》赐进士及第者。（见《三礼通论》）《大学》《中庸》义理精微丰富，修身齐家，性与天道，皆在其中，为宋明以来的儒者高度重视，成为他们建构人性论的基础。司马光认为，《学记》《大学》《中庸》《乐记》是《礼记》中最精要的篇章。（《书仪》）程颢、程颐兄弟对《大学》《中庸》二书特加表彰，将之与《论语》《孟子》合称"四书"。到了朱熹，作《四书章句集注》，首《大学》，次《中庸》，次《论语》《孟子》，真正建立了理学的经典诠释文本系统。

明清以来，《四书》为人所诵习之书，《大学》《中庸》尤为童蒙进学之首务，各种解说注释也层出不穷。到了现代，国学复兴，《四书》渐有家弦户诵之势。出于弘扬传统文化的需要，坊间出版《四书》今注本极多，各有特色。本书作为笔者一己读书之所得，在古人注释的基础上，进行综合和辨析，力求呈现一个平正笃实、切当身心的译注本。笔者的希望是，一般读者不仅由此可以初步理解《大学》《中庸》的文义，也能进而对古代贤人的思想世界有所体认和感悟。

二

下面介绍一下《大学》《中庸》的主要内容及大致思想。

《大学》为后世最耳熟能详的无疑是宋儒所总结的三纲领、八条目，其构成了全书的整体框架。所谓"三纲领"，是指"明明德""亲民""止于至善"；所谓"八条目"，指"格物""致知""诚意""正心""修身""齐家""治国""平天下"。《大学》之教，乃是让人从近做起，从己做起，修养德行，渐次扩充，至于家族、国家，最终平治天下。这就是儒家所谓的"内圣外王"之道，也是古代有志兼济天下的士子们的理想人格。

《大学》说："古之欲明明德于天下者，先治其国；欲治其国者，先齐其家；欲齐其家者，先修其身；欲修其身者，先正其心；欲正其心者，先诚其意；欲诚其意者，先致其知；致知在格物。"环环相扣，循序渐进，程颐称为"初学入德之门"，洵非虚言。朱熹说得更加明确："于今可见古人为学次第者，独赖此篇之存，而《论》《孟》次之。"可见其重视程度。

八条目中，最基础者为格物、致知，但历来论者解释颇不一致。朱子解释"格物"为"穷至事物之理"，即今所谓"深入研究"之意。详味朱子"格物"义，略偏于知识论，影响较大。与朱子同时或后代学者异说,有解为格去物欲者,有释为亲手实践之义,各有其思想立场。笔者认为,格物就是亲历天下之事的意思,兼读书学问和人格阅历两端,所谓"致知"大致相当于今天俗称的"长见识"。清儒陈澧说:"凡人欲增长见识,舍读书阅历,更无他法。故曰'致知在格物'也。"可谓直截了当。

格物致知之后,乃是诚意、正心。诚者,真实无妄、光明不欺之谓,经传诸子每多称颂。《周易·乾卦·文言》云:"闲邪存其诚。"又云:"修辞立其诚。"《孟子·离娄上》云:"诚者天之道也,思诚者人之道也。"《尽心上》云:"反身而诚,乐莫大焉"。《荀子·不苟》篇云:"君子养心莫善于诚,致诚则无它事矣。"且整部《中庸》,最强调的就是一个"诚"字。诚意,是正心的基础。精诚不欺,心才不会被喜怒哀乐等一偏之情所左右,方能有廓然大公的气象。俗语有"忠诚",诚意正心即是儒家之"忠"道。

儒家提倡忠、恕之道。尽心竭力谓之忠,将此道德推广扩充,及于家国,则需要"恕"道。《大学》说:"君子有诸己而后求诸人,无诸己而后非诸人。所藏乎身不恕,而能喻诸人者,未之有也。"此即推己及人之恕道。《大学》又说:"所恶于上,毋以使下;所恶于下,毋以事上;所恶于前,毋以先后;所恶于后,毋以从前;所恶于右,毋以交于左;所恶于左,毋以交于右。此之谓絜矩之道。"所谓己所不欲,勿施于人,意思更加显豁。可以说,《大学》这里的"絜矩"就是"忠恕"二字的注脚。(唐文治《大学大义》引陆桴亭说)

以上即为《大学》一书的纲目与要义。其他以德治国、以仁化民、亲贤远佞、德本财末等内容皆由此延展。

《中庸》一书,开篇即言性与天道,貌似玄远,但处处落实在一

"诚"字上。此外,《中庸》和《大学》一样,也提出了君子日常的"慎独"工夫。但需要注意的是,"诚"与"慎独",在《中庸》和《大学》中的地位性质是有差别的。

《中庸》说:"诚者,天之道也;诚之者,人之道也。诚者不勉而中,不思而得,从容中道,圣人也。诚之者,择善而固执之者也。"将诚作为圣人的自然本性。下面接着又说:"唯天下至诚,为能尽其性;能尽其性,则能尽人之性;能尽人之性,则能尽物之性;能尽物之性,则可以赞天地之化育;可以赞天地之化育,则可以与天地参矣。"至诚的圣人可以化育天地,《文言》所谓"与天地合其德",庶几相近。这种对"诚"的推崇无疑超越了一般意义上的品德修养。

《大学》则将诚意和慎独放在一起说:"所谓诚其意者,毋自欺也。如恶恶臭,如好好色,此之谓自谦,故君子必慎其独也。小人闲居为不善,无所不至,见君子而后厌然,掩其不善,而著其善。人之视己,如见其肺肝然,则何益矣。此谓诚于中,形于外,故君子必慎其独也。曾子曰:'十目所视,十手所指,其严乎!'"这里的慎独基本属于为善去恶、慎于独处等身心修养方面。

《中庸》的慎独则不尽然,文中说:"君子戒慎乎其所不睹,恐惧乎其所不闻。莫见乎隐,莫显乎微,故君子慎其独也。"着力于"不睹""不闻",喜怒哀乐未发之前的"慎独"工夫,似乎已经带有本体论的意味了。因此明儒刘宗周说:"《中庸》之慎独与《大学》之慎独不同。《中庸》从不睹不闻说来,《大学》从意根上说来。独是虚位。从性体看来,则曰莫见、莫显,是思虑未起,鬼神莫知时也。从心体看来,则曰十目、十手,是思虑既起,吾心独知时也。"(《刘子全书》卷十《学言上》)此说极为有见。

天道人性之外,《中庸》的论学语特多启发学者之处。如对"素隐行怪"者欺世盗名行径的不屑,对"半涂而废"者勇气力量不足的遗憾,对真正的君子"遁世无闷"、不求人知的赞赏,至今看来,仍催人警醒。又如在追求学问过程中博学、审问、慎思、明辨、笃行的彻底工夫,以及"人一能之己百之,人十能之己千之"的不懈精神,指示了愚蠢与聪明的辩证关系。又如"君子尊德性而道问学,致广大而尽精微,极高明而道中庸"三句描述的君子学问德行达到的辉煌境界,令人神往而仰止。如此种种,纷披灿烂,在在皆是。

古代儒者在道统说的影响下,多数认为《大学》《中庸》相通,共同构成了孔子—曾子—子思并下接孟子的一套思想统绪。但是近代以来,随着研究的细致,有的学者说《大学》和《荀子》义多接近,《中庸》则多发挥孟子之学,分属两套学术传统;也有的学者观点恰恰相反,谓《大学》近孟子,《中庸》近荀子。笔者认为,二书之有思想差异,自不待言;然其互通之处,也绝不少,当观其汇通,以见先秦原始儒学之精神。

"大学"之为教,层次井然,影响深远,至今遍播众口。"中庸"之为训,不离差等,无过不及,邻邦犹以为宝。以上略述《大学》《中庸》二书要义,聊为小引,未及详备,读者谅之。

三

最后,笔者对本书的译注方法、体例稍作说明。

本书文本乃据阮刻《十三经注疏》中的《礼记注疏》,注释力求平实贴切,不求深远玄奥,以明文义、通大旨为目的。《大学》《中庸》思想丰富，蕴含秦汉之前儒学古义甚多，因此本书对群经与《大学》《中庸》义理相通之句多加征引。清末学者黄以周作《子思子辑解》，《中庸》一篇详录郑玄之注，再加案语，体例严谨。近代唐文治先生学宗黄氏，所撰《大学大义》《中庸大义》二书，于郑注之外，亦详录朱熹《集注》，更显全面，阐释义理也极平实，案语所录宋明儒者之说别择精严，于读者颇多启迪。本书略仿唐氏"大义"之例，遍录郑、朱二注（标曰"古注"），择善而从，为作今注，并加译文。译注之外，于义理精微或旧注分歧处，续有补充阐释，多本黄、唐二先生之书，略下己意，标曰"解说"。

附录部分，笔者选录了一些关于《大学》《中庸》的重要文献，供读者进一步阅读之需。

限于学力，本书肯定会有很多问题，恳请广大读者批评指正。

目 录

大学 1

中庸 63

附录 171

 程颢《明道先生改正大学》 171

 程颐《伊川先生改正大学》 175

 朱熹改定《大学》 179

 朱熹《大学章句序》 184

 朱熹《中庸章句序》 186

 王阳明《大学古本序》(《困知记》本) 188

 王阳明《大学古本序》(《王文成公全书》本) 189

 王阳明《大学古本旁释》 190

 王阳明《大学问》 195

 唐文治《大学大义序》 200

 唐文治《中庸大义序》 203

主要参考书目 209

大学①

[古注]

陆德明引郑玄：大学者，以其记博学可以为政也。

朱子：大，旧音泰，今读如字。

[注释]

①大学：本篇详载古人治学的次序，宏纲细目，示人门径，相传为曾子所作。"大"字，如果读成"泰"，则为学校之名，其义见于《礼记》中的《学记》一篇。如果读为大、小之"大"，则指士子治学应有大的关怀，读书修身之外，更要民胞物与，兼济天下。刘光蕡《大学古义》认为这就是《周易》里面说的"范围天地""曲成万物"，很有道理。(《周易》与《大学》《中庸》的道理多有相通之处。) 其实二义可通，读"泰"，自含至高无上之义。旧读"泰"不误。自朱熹以后，多读大小之"大"，今俗从朱子之读，也可。

[解说]

古代有大学、小学之辨。《礼记·王制》说："小学在公宫南之左，大学在郊。"大学教育的层次阶段要高于小学，从品行技艺上升到了圣贤之学。《礼记·学记》称："比年入学，中年考校。

一年视离经辨志，三年视敬业乐群，五年视博习亲师，七年视论学取友，谓之小成；九年知类通达，强立而不反，谓之大成。夫然后足以化民易俗，近者说服，而远者怀之，此大学之道也。"大意谓，每年都有学生入学，隔年就要进行学业考查。第一年考查点读经文的能力，以辨其志向；第三年考察是否重视学业，热爱集体；第五年考察学生能否兴趣广博，亲近老师；第七年考察能否互相讨论学术，选取学侣，这些都达到目标就叫"小成"。如果在第九年能够做到触类旁通，坚守独立而不违背师说，则可以称作"大成"了。收到以上的成效，学子们方能具备教化民众、移风易俗的能力，这就是大学教育的步骤和目的。所以孔颖达总结说："言如此所论是大学贤圣之道理，非小学技艺耳。"

《学记》又载大学的具体教育方法，其中说道："大学之法，禁于未发之谓豫，当其可之谓时，不陵节而施之谓孙，相观而善之谓摩。"大致意思是，恶念未生之前，用教育加以预防；学生到了可以接受教育的时期，应该适时教导；不超越学生的学习阶段而提前讲授，坚持循序渐进；鼓励学生观摩学习，互相借鉴。指出踏实自修的重要，也强调了群体交流、切磋琢磨的重要，这些都是达到"至善"之境前的积累功夫。

大学之道[①]，**在明明德**[②]，**在亲民**[③]，**在止于至善**[④]。

[古注]

郑注：明明德，谓显明其至德也。

朱注：程子曰："亲，当作新。"大学者，大人之学也。明，明之也。

明德者，人之所得乎天，而虚灵不昧，以具众理而应万事者也。但为气禀所拘，人欲所蔽，则有时而昏；然其本体之明，则有未尝息者。故学者当因其所发而遂明之，以复其初也。新者，革其旧之谓也，言既自明其明德，又当推以及人，使之亦有以去其旧染之污也。止者，必至于是而不迁之意。至善，则事理当然之极也。言明明德、新民，皆当至于至善之地而不迁。盖必其有以尽夫天理之极，而无一毫人欲之私也。此三者，大学之纲领也。

[注释]

①道：途径，引申为宗旨，目标。②明德：人性中固有的善德和智慧。此处朱子解为虚灵不昧之德，《朱子语类》释作"得于天而光明正大者谓之明德"，较前说为明晰。③亲：亲近。④至善：明德、亲民所达到的境界。

[今译]

大学的宗旨，在于彰明君子光辉的德行，在于引导百姓和睦亲爱，在于使人达到至善之境。

[解说]

宋儒称此节为《大学》的"三纲领"。

"亲"字，朱子引程颐之说认为应该作"新"，革新之意。证据就是下文有"苟日新，日日新，又日新"之铭，又有"作新民""周虽旧邦，其命惟新"之文，强调教化百姓之意。《章句》所谓"革其旧之谓也，言既自明其明德，又当推以及人，使之亦有以去其旧染之污也"。"新民"作为朱熹《大学》诠释体系中"三纲领"重要一环，《章句》中很多具体解说也是以此为前提的，就其个人阐释来说，足成理学一家之言。

然而此说未必至当，依古本读如字也可通。"亲民"之义，似比"新民"更为朴实宏大。《尚书·尧典》说："克明峻德，以亲九族。九族既睦，平章百姓。百姓昭明，协和万邦。黎民于变时雍。"和此处明德、亲民可以互证。《孝经》"开宗明义"章里面，孔子说："先王有至德要道，以顺天下，民用和睦。"《孟子·尽心上》强调："亲亲而仁民，仁民而爱物。"都是"亲民"的古义。儒家认为"亲民"是古往今来善政、美俗的根本。

唐文治《大学大义》引顾炎武的话说："三代之世，凡民之俊秀皆入大学，而教之以治国平天下之事。孔子之于弟子也，四代之礼乐，以告颜渊，五至三无，以告子夏，而又曰'雍也可使南面'。然则内而圣人，外而王，无异道矣。"这里强调了儒家"内圣外王"的传统，向内修养心性，学习圣人之德；向外扩充己志，要具备治理社会国家的能力。内外兼备，体用不二，这也是"大学"之所以称"大"的原因。

知止而后有定①，定而后能静，静而后能安，安而后能虑，虑而后能得。

[**古注**]

郑注：止，犹自处也。得，谓得事之宜也。

朱注：止者，所当止之地，即至善之所在也。知之，则志有定向。静，谓心不妄动。安，谓所处而安。虑，谓处事精详。得，谓得其所止。

[**注释**]

①止：欲达"至善之境"的自处、自守之道。

[今译]

知道追求至善之境的自处之道，才能有明确的志向；志向明确了，才能心静；心静然后神安；神安方能思虑周密；思虑周密了，处事方能恰当得宜。

[解说]

孔颖达说："'知止而后有定'者，更覆说'止于至善'之事。既知'止于至善'，而后心能有定，不有差贰也。'定而后能静'者，心定无欲，故能静，不躁求也。'静而后能安'者，以静故情性安和也。'安而后能虑'者，情既安和，能思虑于事也。'虑而后能得'者，既能思虑，然后于事得宜也。"（《礼记注疏》）

唐文治说："《尚书》禹之戒舜曰：'安汝止，惟几惟康。'知止而至于能安，即所谓'安汝止'也。'定而后能静，静而后能安'，所谓'康'也。'安而后能虑，虑而后能得'，所谓'几'也。"今按：《尚书》中大禹的话见于今《益稷》篇，强调心有所守方能不妄动，才可臻于平和安康之境，于己、于国都是如此。曾运乾《尚书正读》解释这段话，引用了《大学》"为人君止于仁，为人臣止于敬，为人子止于孝，为人父止于慈，与国人交止于信"，颇见心得。

鄙意认为朱子释为"至善之所在"，与郑玄"自处"之义并不矛盾，"止"有不逾越之义，即无过无不及的中庸之道，亦即仁义至善之德。欲达此境，则不离自修自守之工夫。下文引孔子说《诗》之语"知其所止"，也是说人应择仁义而自守。《论语·里仁》所谓"择不处仁，焉得知"。

物有本末①，事有终始，知所先后，则近道矣。

[古注]

朱注：明德为本，新民为末。知止为始，能得为终。本始所先，末终所后。此结上文两节之意。

[注释]

①本末：根本和末梢。

[今译]

万事万物都有个本末终始，知道事物的先后次序，也就接近大道了。

[解说]

这几句话，朱熹的注释认为是总结上文，也有学者提出异议，认为是引起下文。

清儒陈澧说："王氏复礼《四书集注补》以为起下文，引高中元《私记》云：本末二字，即下文'本乱''末治'字，下文六先字，即此先字；七后字，即此后字。盖此条总言其意。而下二条详列其目也。"（《东塾读书记》卷九）持启下之说者认为，这里的"本末"二字，就是下文的"本乱""末治"之本末；而此处的"先后"二字则是下面"八条目"中的"先""后"。

晚清刘光蕡也赞同"启下"之说："朱注以'物有'句结首节，'事有'句结'知止'节。细玩之，物为德民之物，事当指明新之事，先、后即下两节先、后字。此节为下两节之起，非上两节之结也。下两节第言明德、新民之先后，未及至善。盖格、致、诚、正、修即'明德'之至善，齐、治、平则'新民'之至善。格、至、诚、正皆以修身，故又推出修身为本，而齐、治、平之末，不待言矣。治、乱即指明、新之物，未明未新为乱，已明已新为治，所厚、所薄即指为明新之事，谓薄于本不能厚其末也。……故知'知止'节为结足首节，'物有'节是别提起。古人文章随说随自注释，以后便不再管他，经史中此类甚多，此处亦然。"（《大学古义》）

笔者认为，先秦文字气象混沦，不同于后世文体；此处先、后不宜生硬比附下文之先、后二字，王复礼及刘光蕡之说虽不为无见，但似有以文害辞之弊。今仍从朱子说可也，目之为承上启下亦可也。

古之欲明明德于天下者①，先治其国；欲治其国者，先齐其家②；欲齐其家者，先修其身；欲修其身者，先正其心；欲正其心者，先诚其意③；欲诚其意者，先致其知④；致知在格物⑤。

[古注]

郑注：知，谓知善恶吉凶之所终始也。格，来也。物，犹事也。其知于善深，则来善物，其知于恶深，则来恶物，言事缘人所好来也。此"致"或为"至"。

朱注：明明德于天下者，使天下之人皆有以明其明德也。心者，身之所主也。诚，实也。意者，心之所发也。实其心之所发，欲其一于善而无自欺也。致，推极也。知，犹识也。推极吾之知识，欲其所知无不尽也。格，至也。物，犹事也。穷至事物之理，欲其极处无不到也。此八者，大学之条目也。

[注释]

①明明德:彰明人性中固有之善德,以此感化民众。②齐其家:整顿好自己的家庭、族邑。封建时代,大夫之采邑为"家",非简单等同于后世之"家庭"。③诚其意:使自己的意念真诚。④致其知:获取见识。⑤格物:研究事物之理。格,来。外物来则己心接,故"格"有亲历、研究之义。

[今译]

古代想要彰明德性于天下的人,先要治理好自己的国家;想要治理好自己的国家,先要整顿好自己的家族;想要整顿好自己的家族,先要修养自身;想要修养自身,先要端正内心;想要端正内心,先要诚意;想要诚意,先要有一定见识;想要增长见识,就必须学会推究事理。

[解说]

此即《大学》"八条目"——格物、致知、诚意、正心、修身、齐家、治国、平天下。教人从己做起,修养德行,渐次扩充至于家国社会,此即所谓"内圣外王"之道。

"明明德于天下",朱子解释为"使天下之人,皆有以明其明德",陈澧觉得欠妥,他认为:"明明德于天下,即平天下也。"因为朱子在自己所分"传之十章"后面说:"释治国平天下。此章之意,务在与民同好恶而不专其利。"与民同好恶,不专其利,就是光明正大之意。(见《东塾读书记》卷九)陈氏之说可从。但朱子之说是建立在文本作"新民"基础上的,其解释体系也是一以贯之的。

格物致知,历来异说纷纭。

朱子之意,陈澧有所阐发。他说:"朱子云:'格,至也。物,犹事也。'澧案：此古训也。（《尔雅·释诂》云：'格，至也。'《毛诗·烝民》传云：'物，事也。'）又云'穷至事物之理'，则于'至'字上加'穷'字，'物'字下加'之理'二字。……盖格物但当训为'至事'。'至事'者，犹言亲历其事也。天下之大，古今之远，不能亲历，读书即无异亲历也。故格物者，兼读书阅历言之也。致知者，犹言增长见识也。凡人欲增长见识，舍读书阅历，更无他法。故曰'致知在格物'也。"（《东塾读书记》卷九）认为格物就是亲身去学习和实践，包括读书；致知则是增长见识。笔者认为，"见识"一词较"知识"更为恰当，知识稍微侧重于书本等闻见记诵之知，见识则包括更广，译文从之。

郑玄之意，章太炎解之尤精。章氏《致知格物正义》说："今观郑君注曰：'格，来也。物，犹事也。其知于善深，则来善物，其知于恶深，则来恶物，言事缘人所好来也。'其义乃至卓。盖孔子曰：'我欲仁，斯仁至矣。'由此推之，我欲不仁，斯不仁至矣。郑君之说，上契孔子，而下与新建知行合一之义适相会。"认为郑玄之说通于后世阳明学派王艮之说，赞为尽心知性之大儒。按：王阳明对"格物致知"的理解见本书附录《大学问》，大意谓："物者，事也，凡意之所发，必有其事，意所在之事谓之物。格者，正也，正其不正以归于正之谓也。正其不正者，去恶之谓也。归于正者，为善之谓也。夫是之谓格。"

但章氏也发现郑玄之说和《大学》本经逻辑倒置，因为按照郑玄之说，应该是知至而后物格，和经文明显不合。因此，章氏提出了自己对《大学》的理解，他说："《乐记》'人生而静，天之性也，感于物而动，性之欲也。物至知知，（下'知'字当依《墨经》训'接'……）然后好恶形焉。'云物至知知者，所谓'致知在格物'，'物格而后知至'也。格者，来也。致者，送诣也。(《说文》) 物来而知诣之，外有所触，内有所受，此之谓'致知在格物'。"（见《太炎文录续编》卷一）章氏之解平实，不仅合于《大学》本文，也符合人类认知世界、获取知识的一般规律。

至于朱子格物穷理之解，唐文治有所补充，他说："《大学》不言理而言物者，理丽于虚，而物征诸实。物者，即上文'物有本末'之'物'。身心家国天下，莫非物也。格之为'至'，古训也。格天下之物，亲历天下之事也。故郑君与朱子皆云'物犹事也'。格物之本末，即亲历家国天下事之终始。"可与上引陈澧之说合参。

物格而后知至，知至而后意诚，意诚而后心正，心正而后身修，身修而后家齐，家齐而后国治，国治而后天下平。

[古注]

朱注：物格者，物理之极处无不到也。知至者，吾心之所知无不尽也。知既尽，则意可得而实矣；意既实，则心可得而正矣。修身以上，明明德之事也。齐家以下，新民之事也。物格知至，则知所止矣。意诚以下，则皆得所止之序也。

[今译]

推求事理才能获得见识，有了见识然后才能心意精诚，心意精诚然后才能心正，心正方才谈得上修身，能够修身才能整顿好家族，家族整顿好了然后才能治理国家，国家治理好了然后才能使天下太平。

自天子以至于庶人，壹是皆以修身为本①。

[古注]

郑注：壹是，专行是也。

朱注：壹是，一切也。正心以上，皆所以修身也。齐家以下，则举此而措之耳。

[注释]

①壹是：一律，全部。

[今译]

上自天子，下至百姓，一律要以修身为根本要务。

[解说]

唐文治引《孟子》曰："人有恒言，皆曰'天下国家'。天下之本在国，国之本在家，家之本在身。"并谓："孟子之学得自曾子、子思，此说即释本经之义也。"按：《孟子》之言见《离娄上》，可与《大学》之义互证。

其本乱而末治者否矣①，其所厚者薄②，而其所薄者厚，未之有也！

[古注]

朱注：本，谓身也。所厚，谓家也。此两节结上文两节之意。

[注释]

①本乱：指身不修。末治：国泰民安。②所厚：应当重视、亲厚的。朱子释为"家"，今不从。薄：轻率。

[今译]

根坏了,枝节末梢却能好,那是不可能的。应当重视的事轻率对待,却希望轻率之处获得厚报,根本没有这种道理。

[解说]

唐文治说:"观人之本者,观其身之修与不修而已。"并引《孟子·尽心上》"于所厚者薄,无所不薄也"释此经之义,极为深切。

朱子为《大学》分经、传,计经一章,传十章,不仅对经文次序有所调整,内容上也有补充。朱子认为从开篇"大学之道"至此为"经一章",是孔子之言,由曾子阐述。后面尚有"传十章",是曾子之意而为其门人所记录。朱子所定经传文本及次序与汉唐注疏本差异颇多,本书正文不一一注明,而于附录详载朱子《大学》文本,以备读者对比参考。

此谓知本①,此谓知之至也。

[古注]

朱注:此谓知本,程子曰:"衍文也。""此谓知之至也",此句之上别有阙文,此特其结语耳。

[注释]

①本:根本,这里指以修身为本。

[今译]

这就叫知本,就叫认知的极致。

[解说]

朱熹认为"此谓知本,此谓知之至也"属于"传之第五章",

次序应该在下；且此段原为解释格物、致知之义，而文字散佚不传。朱熹参考程子之意改定补充如下："所谓致知在格物者，言欲致吾之知，在即物而穷其理也。盖人心之灵莫不有知，而天下之物莫不有理，惟于理有未穷，故其知有不尽也。是以《大学》始教，必使学者即凡天下之物，莫不因其已知之理而益穷之，以求至乎其极。至于用力之久，而一旦豁然贯通焉，则众物之表里精粗无不到，而吾心之全体大用无不明矣。此谓物格，此谓知之至也。"（详附录所载朱子《大学》文本及分章。）

此等处可见朱子对《大学》的诠释有自我思想体系，甚而不惜更改经文。陈澧引王复礼《集注补》云："'此谓知本'，正应修身为本，非衍文也。人能知本，非知之至而何？故后文只单疏诚意，无烦补格致也。"又称："朱子之补《大学》，不必补也。然所补之说，则无可议也。"（并见《东塾读书记》卷九）

唐文治赞同陈说，也认为不必补传，理由是："知本者，知修身为本也。知之至者，本末无不尽也。"

所谓诚其意者，毋自欺也，如恶恶臭①，如好好色②，此之谓自谦③，故君子必慎其独也！

[古注]

郑注：谦，读为慊，慊之言厌也。

朱注：诚其意者，自修之首也。毋者，禁止之辞。自欺云者，知为善以去恶，而心之所发有未实也。谦，快也，足也。独者，人所不知而己所独知之地也。言欲自修者知为善以去其恶，则当实用其力，而禁止其自欺。使其恶恶则如恶恶臭，好善则如好好色，皆务决去，而求必得之，以自快足于己，不可徒苟且以殉外而为人也。然其实与不实，盖有他人所不及知而己独知之者，故必谨之于此以审其几焉。

[注释]

①恶（wù）恶（è）臭（xiù）：厌恶难闻的味道。前一个"恶"是动词，厌恶。臭，味道。②好（hào）好（hǎo）色（sè）：喜欢美色。前一个"好"为动词，爱好，喜欢。③谦：通"慊（qiè）"，满足。

[今译]

所谓诚意，是说不要自我欺骗，而要像厌恶臭味、喜欢美貌那样出于自然。如此方能不假外求，充实满足。要做到这些，君子必须谨慎于独处之际。

[解说]

唐文治说："《中庸》首章言慎独，《大学》次章言慎独，其义一也。《中庸》自慎独推而至于化民不大声以色，《大学》自慎独推而至于治国平天下，可见治平必自慎独始，而明明德、亲民、止至善，亦必自慎独始。独者，自知之谓也。"以慎独之义贯穿二书，颇具启发。

但是《大学》和《中庸》的"慎独"意义不尽一致。《大学》之慎独不离诚意，仍是心体修养层面。《中庸》说："君子戒慎乎其所不睹，恐惧乎其所不闻。莫见乎隐，莫显乎微，故君子慎其独也。"从"不睹""不闻"，隐微无息处见"慎独"之功，已经带有本体论的意思。明儒刘宗周说："《中庸》之慎独与《大学》之慎独不同。《中庸》从不睹不闻说来，《大学》从意根上说来。独是虚位。从性体看来，则曰莫见、莫显，是思虑未起，鬼神莫

知时也。从心体看来，则曰十目、十手，是思虑既起，吾心独知时也。"（《刘子全书》卷十《学言上》）

小人闲居为不善，无所不至，见君子而后厌然①，掩其不善②，而著其善③。人之视己，如见其肺肝然，则何益矣。此谓诚于中，形于外，故君子必慎其独也。

[古注]

郑注：厌，读为黡。黡，闭藏貌也。

朱注：闲居，独处也。厌然，消沮闭藏之貌。此言小人阴为不善，而阳欲掩之，则是非不知善之当为与恶之当去也；但不能实用其力以至此耳。然欲掩其恶而卒不可掩，欲诈为善而卒不可诈，则亦何益之有哉！此君子所以重以为戒，而必谨其独也。

[注释]

①厌：依郑注，通"黡（yǎn）"，遮掩、隐藏之意。朱注同。②掩：遮掩之意。③著：彰显。

[今译]

小人平常无所事事，为非作歹，没有什么坏事做不出来，一见到君子，马上遮遮掩掩地隐藏那些不光彩的行径，竭力表现他的善良。却不知君子看他，一下子就看穿内心，装模作样又有何益呢！这是说，内心真正所想，总要表现出来，所以君子必须戒慎于独处之际。

曾子曰①："十目所视，十手所指，其严乎②！"

[古注]

郑注：严乎，言可畏敬也。

朱注：引此以明上文之意。言虽幽独之中，而其善恶之不可掩如此。可畏之甚也。

[注释]

①曾子：孔子弟子，名参，字子舆。相传孔子的孙子子思曾从学于曾子。《孝经》也是托名曾子与孔子的对话。②严：严峻，严厉。

[今译]

曾子说："有十双眼睛盯着你，十根手指对着你，还不够严厉？"

[解说]

唐文治说："《大戴礼记》曰：'以其显者，占其隐者。'盖曾子慎独之功，最为精粹。"按：所引《大戴礼记》文见《曾子立事》，此句前有云："作于中，则播于外也。"与本文互证甚切。

此外，《周易·乾卦·文言》云："与鬼神合其吉凶。"俗语又说："举头三尺有神明。"皆强调慎独自治之功。

富润屋①，德润身，心广体胖②，故君子必诚其意。

[古注]

郑注：胖，犹大也。三者，言有实于内，显见于外。

朱注：胖，安舒也。言富则能润屋矣，德则能润身矣，故心无愧怍，则广大宽平，而体常舒泰，德之润身者然也。盖善之实于中而形于外者如此，故又言此以结之。

[注释]

①润：修饰。②心广体胖：心胸宽广，身体舒泰。胖（pán），舒泰之貌。

[今译]

钱财可以润饰房屋，道德能够滋润身心，心胸宽广才能身体舒泰，所以君子必须要诚意。

[解说]

唐文治说："《孟子》曰'居移气，养移体'，况居天下之广居者乎？心广者，言吾心广大清明，方寸间自有泰宇也。"以孟子养气、存心工夫为证，非常切合。

《诗》云①："瞻彼淇澳②，菉竹猗猗③。有斐君子④，如切如磋⑤，如琢如磨⑥。瑟兮僴兮⑦，赫兮喧兮⑧。有斐君子，终不可諠兮⑨！""如切如磋"者，道学也⑩；"如琢如磨"者，自修也；"瑟兮僴兮"者，恂栗也⑪；"赫兮喧兮"者，威仪也⑫；"有斐君子，终不可諠兮"者，道盛德至善，民之不能忘也。

[古注]

郑注：此心广体胖之诗也。澳，隈崖也。菉竹猗猗，喻美盛。斐，有文章貌也。諠，忘也。道，犹言也。"恂"字或作"峻"，读如严峻之峻，言其容貌严栗也。民不能忘，以其意诚而德著也。

朱注：《诗·卫风·淇澳》之篇。淇，水名。澳，隈也。猗猗，美盛貌。兴也。斐，文貌。切以刀锯，琢以椎凿，皆裁物使成形质也。磋以鑢锡，磨以沙石，皆治物使其滑泽也。治骨角者，既切而复磋之。治玉石者，既琢而复磨之。皆言其治之有绪，而益致其精也。瑟，严密之貌。僴，武毅之貌。赫、喧，宣著盛大之貌。諠，忘也。道，言也。学，谓讲习讨论之事。自修者，省察克治之功。恂栗，战惧也。威，可畏也。仪，可象也。引《诗》而释之，以明明明德者之止于至善。道学、自修，言其所以得之之由。恂栗、威仪，言其德容表里之盛。卒乃指其实而叹美之也。

[注释]

①《诗》云：下所引诗句出自《诗经·卫风·淇澳》。据《毛诗》小序，此诗为歌颂卫武公之德，称他有文采，听规谏，能够以礼自防，受周平王之封。②瞻：远看。淇：淇水，在今河南北部，黄河的支流。澳（yù）：水边弯曲之处。③菉（lù）竹：即"荩草"，以其似竹，淇水之人称为菉竹。猗猗（yī yī）：美盛之貌。④斐：文采斐然。⑤如切如磋：本义是加工骨角象牙等制品，切割之后又磨平。引申为学术上的互相商量。《尔雅·释器》说："骨谓之切，象谓之磋，玉谓之琢，石谓之磨。"⑥如琢如磨：本义是加工玉石制品，雕刻后再加以打磨，引申为对作品的润饰推敲。⑦瑟兮僩兮：庄敬宽厚之貌。瑟，矜庄之貌。僩（xiàn），宽和之态。孔颖达《毛诗正义》云："瑟，矜庄，是外貌庄严也。僩，宽大，是内心宽裕。"朱子释"僩"作"武毅之貌"，亦通。⑧赫兮喧（xuān）兮：形容光明盛大。毛传云："赫，有明德赫赫然。喧，威仪容止宣著也。"可见赫为道德之光明，喧为举止之风度。⑨諠（xuān）：通"谖"，忘记。⑩道：说的是。学：学业讲论。⑪恂（xún）栗：端庄严谨，如有所畏惧之态。依郑注，恂通"峻"，指容貌严峻；栗也是缜密严峻之意。⑫威仪：容仪举止。

[今译]

《诗》篇里说："瞧那淇水的水湾，菉竹草儿多美盛。有位文质彬彬的君子，好比骨角象牙经过了切磋，又像玉石经过了琢磨。容貌庄重而宽厚，举止风度翩翩。这位文质彬彬的君子，让人始终不能忘怀。""如切如磋"，比喻君子努力向学；"如琢如磨"，比喻君子潜心自修；"瑟兮個兮",形容君子庄敬宽和之貌;"赫兮喧兮",形容君子举止堂堂正正;"有斐君子,终不可諠兮",是说君子品德美善,人民始终想念着他。

[解说]

此段广引譬喻,强调君子立世当以修身为本。

唐文治说:"'如切如磋'者以下,与《尔雅·释训》文同。郑君以此为心广体胖之诗,实精审而不可易。"又引刘宗周说:"以下杂引《诗》《书》而咏叹之,以明'知本'之义。首引《淇澳》,修身之功,尽见于此矣。"

《诗》云:"於戏,前王不忘①!"君子贤其贤而亲其亲②,小人乐其乐而利其利③,此以没世不忘也④。

[古注]

郑注:圣人既有亲贤之德,其政又有乐利于民,君子小人各有以思之。

朱注:《诗·周颂·烈文》之篇。於戏,叹辞。前王,谓文、武也。君子,谓其后贤后王。小人,谓后民也。此言前王所以新民者止于至善,能使天下后世无一物不得其所,所以既没世而人思慕之,愈久而不忘也。

[注释]

①於戏(wū hū),前王不忘:见《诗经·周颂·烈文》,《毛诗》作"於乎前王不忘"。此诗述周成王即位临政,诸侯献祭。於戏,同"呜呼",感叹之词。前王,指周代的文王、武王。②君子:指继承君位的文王、武王的后代。贤其贤:尊重贤才。前一个"贤"是动词。亲其亲:亲近亲人。前一个亲是动词。③小人:百姓。乐其乐:享受前王创造的安乐局面。前面一个"乐"是动词。利其利:受惠于前王留下的恩泽。

前面一个"利"为动词。④没世不忘：去世了但不被忘记。

[今译]

《诗》篇里说："啊！永远不要忘记文王、武王的功德呀！继位之君要（以他们为楷模，）尊重贤德之人，亲近团结自己的亲人；百姓们至今享受着前王创造的安乐局面，受惠于他们带来的好处。所以先王虽然不在了，但是所有人都怀念他们。"

[解说]

唐文治说："此节承上文咏叹以足其义。"

《康诰》曰①："克明德②。"

[古注]

郑注：克，能也。

朱注：《康诰》，《周书》。克，能也。

[注释]

①康诰：《尚书》篇名，记载了周王朝册封文王之子康叔于卫国时的诰辞。《史记·卫康叔世家》说："周公旦以成王命兴师伐殷，杀武庚禄父、管叔，放蔡叔，以武庚殷余民封康叔为卫君，居河、淇间故商墟。周公旦惧康叔齿少，乃申告康叔曰：'必求殷之贤人君子长者，问其先殷所以兴，所以亡，而务爱民。'"篇中反复告诫康叔要明德慎罚，爱护殷遗民。诰，告诫。②克明德：言文王能彰明大德以造周室。克，能。

[今译]

《康诰》里说："（文王）能够彰明大德。"

[解说]

《康诰》说："惟乃丕显考文王，克明德慎罚。"《左传》成公二年申公巫臣说："《周书》曰：'明德慎罚。'文王所以造周也。明德，务崇之之谓也。慎罚，务去之之谓也。"正引《康诰》之文。

《大甲》曰①："顾諟天之明命②。"

[古注]

郑注：顾，念也。諟，犹正也。諟，或为"题"。

朱注：《大甲》，《商书》。顾，谓常目在之也。諟，犹此也，或曰审也。天之明命，即天之所以与我，而我之所以为德者也。常目在之，则无时不明矣。

[注释]

①《大甲》：《尚书》的《太甲》篇。太甲是商代第五代王，成汤嫡长孙，太丁之子。《史记·殷本纪》说："帝太甲既立三年，不明，暴虐，不遵汤法，乱德，于是伊尹放之于桐宫。三年，伊尹摄行政当国，以朝诸侯。帝太甲居桐宫三年，悔过自责，反善，于是伊尹乃迎帝太甲而授之政。帝太甲修德，诸侯咸归殷，百姓以宁，伊尹嘉之，乃作《太甲训》三篇，褒帝太甲，称太宗。"说的是太甲即位三年，德不配位，被伊尹放逐到了桐宫，后来改过自新，被伊尹迎回，终成一代贤君。《太甲》原篇久佚，此处所引乃其遗文。今传梅赜本《古文尚书·太甲上》亦有"先王顾諟天之明命"之言。②顾諟(shì)天之明命：顾念正视上天赋予的光辉使命。顾，念。諟，正，端正。明命，光明的使命。

[今译]

《太甲》篇里面说："要顾念、正视上天赋予的光辉使命。"

[解说]

唐文治引顾炎武云:"'维天之命,於穆不已。'其在于人,日用而不知,莫非命也。故《诗》《书》之训有曰'顾諟天之明命',又曰'永言配命,自求多福'。又曰'若生子,罔不在厥初生,自贻哲命'。又曰'惟克天德,自作元命,配享在下'。"人对天赋之命能有所自觉,也是修身明德的要求。

又《孟子·万章上》述太甲事,云:"太甲颠覆汤之典刑,伊尹放之于桐。三年,太甲悔过,自怨自艾,于桐处仁迁义;三年,以听伊尹之训己也,复归于亳。"

《帝典》曰①:"克明峻德②。"

[古注]

郑注:《帝典》,《尧典》,亦《尚书》篇名也。峻,大也。

朱注:峻,《书》作"俊"。《帝典》,《尧典》,《虞书》。峻,大也。

[注释]

①帝典:即《尚书》的《尧典》篇,是儒家对于帝尧事迹和制度的追述。②克明峻德:可以彰明自己伟大的德行。峻德,大德,今本《尧典》作"俊德"。

[今译]

《尧典》里面说道:"帝尧能够彰明自己的大德。"

[解说]

唐文治说:"大哉尧之为君也!《尚书》赞之曰'钦明文思安安,光被四表,格于上下'。钦者敬也。惟钦故明也,惟安安故能明其德也。光被四表者，明之至也。格于上下，明明德于天下也。其仁如天，其知如神，皆峻德为之根本也。"

又，《汉书·平当传》云："昔者帝尧南面而治，先克明峻德，以亲九族，而化及万国。"与《大学》修齐治平之义合。

皆自明也。

[古注]

郑注：皆自明明德也。

朱注：结所引书，皆言自明己德之意。

[今译]

都是说自明其德。

[解说]

郑注"自明明德"，说明修身当从自我出发，乃为己之学，是君子立身处世的根本。

汤之《盘铭》曰[①]："苟日新[②]，日日新，又日新。"

[古注]

郑注：《盘铭》，刻戒于盘也。

朱注：盘，沐浴之盘也。铭，名其器以自警之辞也。苟，诚也。汤以人之洗濯其心以去恶，如沐浴其身以去垢。故铭其盘，言诚能一日有以涤其旧染之污而自新，则当因其已新者，而日日新之，又日新之，不可略有间断也。

[注释]

①汤：商汤。盘铭：铜制沐浴盘上所刻铭文，多用于申诫和警示。

②苟：如果。

[今译]

商汤浴盘上的铭文说道："如能一日洗净污垢，清洁自身，则要天天清洗自新，中间还不能间断。"

[解说]

唐文治说："《说文》：'苟，自急敕也。'言急求日新也。苟含有敬义。《大戴礼》'宾为苟敬'，故敬字从苟也。（此与《说文》艸部苟字不同）朱子训苟为诚，盖本于《论语》'苟志于仁矣'之义，似不若训为急敕尤警切。"

今按：《说文》艸部："苟，艸也。从艸句声。"苟部："苟，自急敕也。从羊省，从包省，从口，口犹慎言也。从羊，羊与义、善、美同意。"二字字形有别，音亦不同。经传每多混用。苟有诚义，如朱子所解，于文义可通。故此处从之，而录唐氏之说备参。

《康诰》曰："作新民。"

[古注]

朱注：鼓之舞之之谓作，言振起其自新之民也。

[今译]

《尚书·康诰》篇说："改造他们当新的人民。"

[解说]

据《史记·周本纪》所载，周公奉成王命，伐诛武庚、管叔，放蔡叔，颇收殷余民，以封武王少弟封为卫康叔，并作《康诰》《酒诰》《梓材》诸篇。康叔被封卫地，负责对殷遗民的管理。《尚书·康诰》原文作"王应保殷民,亦惟助王宅天命,作新民",意谓周王膺受天命护佑殷人,你要助我安定大命,将殷遗民改造成"新民"。

《诗》曰:"周虽旧邦,其命惟新①。"

[古注]

朱注:《诗·大雅·文王》之篇。言周国虽旧,至于文王,能新其德以及于民,而始受天命也。

[注释]

①周虽旧邦,其命惟新:出自《诗经·大雅·文王》篇,述文王振兴周朝之德。诗句意谓周虽然是古代小邦,却因为承受了天命而焕发了新的活力。邦,邦国,诸侯国。惟,助词。

[今译]

《诗》篇里说:"周朝过去虽是个小邦,但文王秉受了天命,让它焕发了新的活力。"

[解说]

唐文治说:"此三节,实由近以及远。汤之《盘铭》,新其心也;《康诰》之言,推之以新其民也;而此则又推之以新其邦。……孟子之告滕文公曰:'子力行之,亦以新子之国。'"

按:唐文治所引孟子言见《滕文公上》,其中说道:"夏曰校,殷曰序,周曰庠,学则三代共之,皆所以明人伦也。人伦明于上,小民亲于下。有王者起,必来取法,是为王者师也。《诗》云'周虽旧邦,其命惟新',文王之谓也。子力行之,亦以新子之国。"

孟子此言，阐发文王、周公之教，与《大学》之义相通。

　　是故君子无所不用其极①。

[古注]

　　郑注：极，犹尽也。君子日新其德，常尽心力，不有余也。

　　朱注：自新、新民，皆欲止于至善也。

[注释]

　　①君子：这里指国君。

[今译]

　　所以，贤明的君主为了除旧布新，无处不尽心尽力。

[解说]

　　唐文治说："无所不用其极者，新其心以新其身、新其民、新其邦，皆造乎其极也。必造乎其极，而后可谓之学，而后可谓之人。周子所谓'立人极'是也。"

　　郑注偏指自新其德，朱注自新之外兼"新民"。

　　《诗》云："邦畿千里，惟民所止①。"

[古注]

　　朱注：《诗·商颂·玄鸟》之篇。邦畿，王者之都也。止，居也，言物各有所当止之处也。

[注释]

　　①邦畿千里，惟民所止：出自《诗经·商颂·玄鸟》，乃商人祭祀先公先王的颂歌。惟，《毛诗》作"维"。郑玄《毛诗笺》云："王畿千里之内，其民居安。"邦畿，天子都城及方圆千里所属的区域。《周礼·夏

官·职方氏》云:"辨九服之邦国,方千里曰王畿。"邦,都城。畿,郊区。止,居住。

[今译]

《诗》篇里说:"王城及周边所属方圆千里,这是百姓安居之所。"

《诗》云:"缗蛮黄鸟,止于丘隅①。"子曰②:"于止③,知其所止,可以人而不如鸟乎!"

[古注]

郑注:于止,于鸟之所止也。就而观之,知其所止,知鸟择岑蔚安闲而止处之耳,言人亦当择礼义乐土而自止处也。《论语》曰:"里仁为美,择不处仁,焉得知。"

朱注:缗,《诗》作"绵"。《诗·小雅·绵蛮》之篇。缗蛮,鸟声。丘隅,岑蔚之处。"子曰"以下,孔子说《诗》之辞。言人当知所当止之处也。

[注释]

①缗蛮黄鸟,止于丘隅:出自《诗经·小雅·绵蛮》,《毛诗》小序说此诗为小臣刺不仁之大臣,希望择仁厚之人而依。毛传说:"鸟止于阿,人止于仁。"郑玄笺:"小鸟知止于丘之曲阿静安之处而托息焉,喻小臣择卿大夫有仁厚之德者而依属焉。"与此《大学》郑注可以互证。此句比喻人当择仁义之所在而自处。缗蛮,《毛诗》作"绵蛮",毛传释为"小鸟貌",孔颖达疏解作"小貌",朱熹注为"鸟声",似当从传、疏说。丘隅,山丘的边角。②子曰:此下为孔子说《诗》之语,强调要择处仁义之道以自守。③于:对于。

[今译]

《诗》篇里说:"小小的黄鸟,栖息在山丘边上。"孔子说:"对于栖止何处,黄鸟尚且明白,人怎么可能还不如鸟呢?"

[解说]

唐文治两引《孟子》之言为证,一曰:"人之所以异于禽兽者几希。"又曰:"人见其禽兽也,而以为未尝有才焉者,此岂人之情也哉。"按:前者出《离娄下》,原文作"孟子曰:'人之所以异于禽兽者几希,庶民去之,君子存之。舜明于庶物,察于人伦,由仁义行,非行仁义也。'"后者见《告子上》。孟子严人禽之辨,强调仁义内在于人心。孔颖达疏则引《论语》"里仁为美,择不处仁,焉得知"为解,甚切。唐文治以君子处世,当谨慎于出处、去就等大节,亦深合经义。

《诗》云:"穆穆文王,於缉熙敬止[①]!"为人君,止于仁;为人臣,止于敬;为人子,止于孝;为人父,止于慈;与国人交[②],止于信。

[古注]

郑注:缉熙,光明也。此美文王之德光明,敬其所以自止处。

朱注:《诗·文王》之篇。穆穆,深远之意。於,叹美辞。缉,继续也。熙,光明也。敬止,言其无不敬而安所止也。引此而言圣人之止,无非至善。五者乃其目之大者也。学者于此,究其精微之蕴,而又推类以尽其余,则于天下之事,皆有以知其所止而无疑矣。

[注释]

①穆穆文王，於（wū）缉熙敬止：见《诗经·大雅·文王》。穆穆，端严深远之貌。於，叹美之辞。缉熙，光明之貌。止，自处。②国人：西周时期居住在都城、大邑里的人民，以别于住在郊野的"野人"。这里解作"别人"，亦即身边周围的人。

[今译]

《诗》篇里说："端庄肃穆的先祖文王，德行光明，恭敬自守。"因此，作为人君要施行仁德，作为人臣要秉持恭敬，作为人子要恪守孝悌，作为人父要做到慈爱，与别人交往要能不违诚信。

[解说]

唐文治说："《孟子》引公明仪曰：'文王我师也，周公岂欺我哉。'愚谓'文王我师'一语，岂特周公为然，亦岂特公明仪为然。考《礼记·文王世子》一篇，详言学校制度，可见成周时学校生徒俱奉文王为师法。"

子曰①："听讼②，吾犹人也③，必也使无讼乎！"无情者不得尽其辞④。大畏民志⑤，此谓知本。

[古注]

郑注：情犹实也。无实者多虚诞之辞，圣人之听讼，与人同耳。必使民无实者不敢尽其辞，大畏其心志，使诚其意不敢讼。本，谓诚其意也。

朱注：犹人，不异于人也。情，实也。引夫子之言，而言圣人能使无实之人不敢尽其虚诞之辞。盖我之明德既明，自然有以畏服民之心志，故讼不待听而自无也。观于此言，可以知本末之先后矣。

[注释]

①子曰：下引孔子语见《论语·颜渊》篇。②听讼：断狱。③犹：如。④情：实。⑤畏：使……敬畏。

[今译]

孔子说："听取讼辞再判定是非，过程上我和别人也没什么两样，但我力求使人们不发生争讼。"圣人的德行可以使包藏虚情的人不敢狡辩。能够让百姓诚其心志，这称得上是知晓根本了。

[解说]

孔颖达说："此谓知本者，此从上'所谓诚意'以下（言）[至]此'大畏民志'以上，皆是诚意之事，意为行本，既精诚其意，是晓知其本。故云'此谓知本也'。"

唐文治引顾炎武说："听讼者，'与国人交'之一事也。"并称："此说极贯串，极精至。盖情者，实也，即信也。无信实者，不得尽其辞，在上者一言一行，一举一动，无不出于信，则民畏之矣。"

《诗经·大雅·绵》里赞美文王能使诸侯息讼。《史记·周本纪》述此事："西伯阴行善，诸侯皆来决平。于是虞、芮之人有狱不能决，乃如周。入界，耕者皆让畔，民俗皆让长。虞、芮之人未见西伯，皆惭，相谓曰：'吾所争，周人所耻，何往为，只取辱耳。'遂还，俱让而去。"说的是文王为西伯之时，虞、芮两国争地兴讼，不能决断，于是往西伯处判定。入境之后，发现农人、百姓凡事无不相让。二国之君大为惭愧，遂相让而还。这是文王以德息讼的例子。

所谓修身在正其心者：身有所忿懥①，则不得其正；有所恐惧，则不得其正；有所好乐②，则不得其正；有所忧患，则不得其正。

[古注]

郑注：懥，怒貌也。或作"懫"，或作"疐"。

朱注：程子曰："'身有'之'身'当作心。"忿懥，怒也。盖是四者，皆心之用，而人所不能无者。然一有之而不能察，则欲动情胜，而其用之所行，或不能不失其正矣。

[注释]

①忿（fèn）：怨恨。懥（zhì）：怒貌。②好（hào）：偏好。乐：喜欢。

[今译]

所谓修身在于端正心志，意思是说，自身有所怨怒，心就不能够端正；有所恐惧，心也不会端正；有所偏好，心也无法端正；有所疑虑，心也不得端正。

[解说]

唐文治说："'身有'之'身'，当如字。盖忿懥四者，皆由吾身之气质以害及吾心者也，由外以累其中者也。君子处之之道，能不为外境所移……此由外以养中之法也。"

心不在焉，视而不见，听而不闻，食而不知其味。

[古注]

朱注：心有不存，则无以检其身，是以君子必察乎此而敬以直之，然后此心常存而身无不修也。

[今译]

（被怨怒、恐惧、偏好、疑虑所困扰，就会）心不在焉，看也看不清楚，听也听不明白，连吃饭也不察其味。

[解说]

唐文治引《中庸》曰："人莫不饮食也，鲜能知味也。"又引《孟子》曰："心之官则思，思则得之，不思则不得也。"按：孟子语见《告子》。此节强调心对于人的主导作用，心不在焉则感觉茫昧，无所依归。

此谓修身在正其心。

[今译]

这里说的是修身在于端正心志的道理。

[解说]

唐文治说："此内外交修之法也。"

所谓齐其家在修其身者：人之其所亲爱而辟焉①，之其所贱恶而辟焉②，之其所畏敬而辟焉，之其所哀矜而辟焉③，之其所敖惰而辟焉④。故好而知其恶⑤，恶而知其美者，天下鲜矣⑥！

[古注]

郑注：之，适也。譬，犹喻也。言适彼而以心度之曰：吾何以亲爱此人，非以其有美德与？吾何以敖惰此人，非以其行薄与？反以喻己，则身修与否，可自知也。鲜，罕也。

朱注：人，谓众人。之，犹于也。辟，犹偏也。五者，在人本有当然之则；然常人之情惟其所向而不加审焉，则必陷于一偏而身不修矣。

[注释]

①人：众人，一般人。之：于，对于。辟：偏向。用朱子解。郑玄解释为譬喻，以彼喻此、自度己心之意。②贱：轻贱。恶（wù）：厌恶。③哀：哀怜。矜（jīn）：同情。④敖：同"傲"，傲慢。惰：轻视，慢待。⑤好（hào）：喜欢。恶（è）：缺点，不好之处。下句"恶"字为动词。⑥鲜：少。

[今译]

所谓齐家在于修身，意思是说，一般人对于自己所亲爱的人，往往会过分偏爱；对于自己所轻贱厌恶的人，往往会过分轻贱厌恶；对于自己所畏服敬重的人，往往会过分畏服敬重；对于自己所哀怜同情的人，往往会过分哀怜体恤；对于自己所轻视慢待的人，往往会过分轻视慢待。所以，喜欢某人同时又明白他的缺点，厌恶某人却又知道他的优点，这种人天下很罕见呀！

[解说]

郑玄以"譬"解"辟"，孔颖达疏云："人心多偏，若心爱好之，而多不知其恶。若嫌恶之，而多不知其美。今虽爱好，知彼有恶事；虽憎恶，知彼有美善，天下之内，如此者少矣。……人之爱子，其意至甚，子虽有恶，不自觉知，犹好而不知其恶也。农夫种田，恒欲其盛，苗唯硕大，犹嫌其恶，以贪心过甚，故不知其苗之硕。若能以己子而方他子，己苗而匹他苗，则好恶可知，皆以己而待他物也。此不知子恶、不知苗硕之人，不修其身，身既不修，不能以己譬人，故不可以齐整其家。"录之以备参考。

唐文治说："郑注训'辟'为喻，恐非。盖此节'辟'字当与下文'辟则为天下僇'辟字音义同。"

故谚有之曰①:"人莫知其子之恶,莫知其苗之硕②。"

[古注]

郑注:人莫知其子之恶,犹爱而不察。硕,大也。

朱注:谚,俗语也。溺爱者不明,贪得者无厌,是则偏之为害,而家之所以不齐也。

[注释]

①谚:谚语。②硕:大。

[今译]

所以民间谚语说:"溺爱子女的人不知道自家孩子的过错,急切盼望庄稼丰收的农民总是觉得自家禾苗长得还不够壮。"

此谓身不修不可以齐其家。

[今译]

这里说的是不修身就不能治家的道理。

[解说]

唐文治说:"上章言内外交修之法,此则慎公私之辨也。《书·洪范》篇曰:'无偏无陂,遵王之义;无有作好,遵王之道;无有作恶,遵王之路。无偏无党,王道荡荡;无党无偏,王道便便。'自来偏党之弊,皆起于好恶之私。""慎公私之辨"之说甚精。君子之欲治国平天下,必要堂堂正正,大公无私。

所谓治国必先齐其家者，其家不可教而能教人者，无之。故君子不出家而成教于国。孝者，所以事君也；弟者①，所以事长也；慈者，所以使众也②。

[古注]

朱注：身修，则家可教矣；孝、弟、慈，所以修身而教于家者也；然而国之所以事君、事长、使众之道不外乎此。此所以家齐于上，而教成于下也。

[注释]

①弟：同"悌"，兄弟之间的敬爱之道。②使：对待。

[今译]

所谓治国必先齐家，意思是说，自己的家族不整顿好，而能去教化别人，这是没有的事。因此，在位的君子不出家门就能教化国民。孝顺父母，同样适用于事君；爱敬兄长，同样适用于对待长辈；慈爱子女，同样适用于对待百姓。

《康诰》曰"如保赤子"①，心诚求之②，虽不中③，不远矣。未有学养子而后嫁者也。

[古注]

郑注：养子者，推心为之，而中于赤子之嗜欲也。

朱注：此引《书》而释之，又明立教之本不假强为，在识其端而推广之耳。

[注释]

①如保赤子：周成王训诫康叔之辞。今本《康诰》作"若保赤子"，指对百姓要慈爱，如同养育婴孩一般。②诚：恳切。③中（zhòng）：

达到。

[今译]

《康诰》里说："爱护百姓要像保护婴儿一样。"心中如果真要追求这种境界，即使做得不完美，那也差得不远了。爱子之心，人人都有，没有见过哪个女子是先学养育婴儿，再去嫁人的。

[解说]

唐文治说："《康诰》言'用康保民''用康乂民'。其辞不一而足。而其中最精要之言曰：'若保赤子，惟民其康乂。'仁哉言乎！盖文王之德，而周公述之，以训康叔者也。"

一家仁，一国兴仁①；一家让，一国兴让；一人贪戾②，一国作乱。其机如此③。此谓一言偾事④，一人定国。

[古注]

郑注：一家、一人，谓人君也。戾之言利也。机，发动所由也。偾，犹覆败也。《春秋传》曰"登戾之"，又曰"郑伯之车偾于济"。"戾"或为"吝"，"偾"或为"犇"。

朱注：一人，谓君也。机，发动所由也。偾，覆败也。此言教成于国之效。

[注释]

①兴：兴起。②戾：暴戾。③机：作用，结果。④偾（fèn）：败坏。

[今译]

国君的家族仁爱相亲，国人就会受到感化，兴起仁爱之风；国君的家族讲究谦让，国人就会受到感化，兴起谦让之风；国君自己贪婪暴戾，那么国人就会受到影响，群起作乱。国君所作所为的效果就是这样。这就叫作一句话可以败坏整个大事，一个人可以安定整个国家。

[解说]

唐文治说："仁、让者，孝、弟、慈所积而成也。《论语》曰：'孝弟者，其为仁之本与？'"又说："周公作《仪礼》，于大射之仪，揖让从容之节，三致意焉。此即以让德训导其国人也。子贡曰'夫子温良恭俭让'。让之时义大矣哉！"

尧、舜率天下以仁①，而民从之；桀、纣率天下以暴②，而民从之。其所令反其所好③，而民不从。是故君子有诸己而后求诸人④，无诸己而后非诸人⑤。所藏乎身不恕⑥，而能喻诸人者⑦，未之有也。

[古注]

郑注：言民化君行也。君若好货，而禁民淫于财利，不能正也。有于己，谓有仁让也。无于己，谓有贪戾也。

朱注：此又承上文一人定国而言。有善于己，然后可以责人之善；无恶于己，然后可以正人之恶。皆推己以及人，所谓恕也，不如是，则所令反其所好，而民不从矣。喻，晓也。

[注释]

①尧、舜：上古的圣君。尧为陶唐氏，名放勋，禅位于舜。舜为有虞氏，名重华。率：统率。②桀（jié）、纣：夏商二朝的亡国之君，皆荒淫暴虐。③令：法令，政策。反：违背。④诸：犹"之于""之乎"。⑤非：批评。⑥所藏乎身：指自己内心的思想。恕：推己及人之道。⑦喻：晓谕。

[今译]

尧、舜以仁政统率天下，百姓就学会仁爱；桀、纣用暴政统率天下，百姓也跟着残暴。国君所颁布的法令如果和他的追求不一致，百姓就不肯服从了。所以，国君自己具备善德，才能去要求人民；国君自己没有恶行，然后才能批评人民。自己心中虽有想法，如果没有推己及人的恕道，也不可能有效地晓谕别人。

故治国在齐其家。

[古注]

朱注：通结上文。

[今译]

所以说，治国的前提在于整顿好自己的家族。

《诗》云："桃之夭夭，其叶蓁蓁；之子于归，宜其家人①。"宜其家人，而后可以教国人。

[古注]

郑注：夭夭，蓁蓁，美盛貌。之子者，是子者。

朱注：《诗·周南·桃夭》之篇。夭夭，少好貌。蓁蓁，美盛貌。兴也。之子，犹言是子，此指女子之嫁者而言也。妇人谓嫁曰归。宜，犹善也。

[注释]

①桃之夭夭，其叶蓁蓁；之子于归，宜其家人：出于《诗经·周南·桃夭》。《毛诗》小序以为后妃辅佐君子，以礼化民，男女婚姻皆不失时。夭夭，桃花壮盛之貌。蓁蓁（zhēn zhēn），桃叶美盛之貌，喻女

子将来子孙之盛。之子，是子，指嫁出去的女子。家人，家庭。

[今译]

《诗》篇里说："桃花壮盛桃叶美，此女嫁来家人宜。"能够和睦家庭，才可以教化国人。

《诗》云："宜兄宜弟①。"宜兄宜弟，而后可以教国人。

[古注]

朱注：《诗·小雅·蓼萧》篇。

[注释]

①宜兄宜弟：句出《诗经·小雅·蓼萧》，《毛诗》小序认为是诸侯颂美天子"泽及四海"之诗。此句原指既适宜为兄，也适宜为弟，意为国君行事无所不宜。这里指兄弟和乐友爱。

[今译]

《诗经》里说："宜兄宜弟。"与家里兄弟和谐友爱，然后才可以施教于国人。

[解说]

《小雅·蓼萧》云："既见君子，孔燕岂弟。宜兄宜弟，令德寿岂。"据郑玄《毛诗笺》，意为："为兄亦宜，为弟亦宜。"《大学》孔颖达疏云："美成王之诗。诗之本文言成王有德，宜为人兄，宜为人弟。此记之意，'宜兄宜弟'谓自与兄弟相善相宜也。既为兄弟相宜，而可兄弟之意，而后可以教国人也。"

《中庸》引《小雅·常棣》云："兄弟既翕，和乐且耽。宜尔室家，乐尔妻孥。"与《大学》此处引《诗》可以互参。

《诗》云:"其仪不忒,正是四国①。"其为父子兄弟足法,而后民法之也。

[古注]

朱注:《诗·曹风·鸤鸠》篇。忒,差也。

[注释]

①其仪不忒(tè),正是四国:见《诗经·曹风·鸤鸠》篇。郑玄《毛诗笺》为:"执义不疑,则可为四国之长,言任为侯伯。"按照这个理解,仪同"义",指礼义。忒,差错。正,执掌,掌管。

[今译]

《诗》篇里说:"君子所持符合礼义,没有差错,能够执掌四方诸国。"他作为父亲、儿子、兄弟都堪称模范,百姓才会服从他。

[解说]

唐文治引《周易·家人卦·象传》曰:"威如之吉,反身之谓也。"治家、治国皆须反身而诚,推己及人。

此谓治国在齐其家。

[古注]

朱注:此三引《诗》,皆以咏叹上文之事,而又结之如此,其味深长,最宜潜玩。

[今译]

这里说的是治国在于齐家的道理。

所谓平天下在治其国者：上老老而民兴孝①，上长长而民兴弟②，上恤孤而民不倍③，是以君子有絜矩之道也④。

[古注]

郑注：老老，长长，谓尊老敬长也。恤，忧也。民不倍，不相倍弃也。絜，犹结也，挈也。矩，法也。君子有挈法之道，谓当执而行之，动作不失之。倍，或作"偝"，矩或作"巨"。

朱注：老老，所谓老吾老也。兴，谓有所感发而兴起也。孤者，幼而无父之称。絜，度也。矩，所以为方也。言此三者，上行下效，捷于影响，所谓家齐而国治也。亦可以见人心之所同，而不可使有一夫之不获矣。是以君子必当因其所同，推以度物，使彼我之间各得分愿，则上下四旁均齐方正，而天下平矣。

[注释]

①上：在上位者，君主。老老：尊敬老人。前一个"老"为动词，尊敬之意。兴孝：讲究孝悌之道，与下"兴弟"义近。②长长：敬重长辈。③恤：体恤。孤：孤儿。倍：同"背"，背弃。④絜（xié）矩：比喻以身作则，推己及人之道。絜，量围长的绳子，也泛指衡量。矩，画直角或方形的矩尺，也泛指量度。

[今译]

所谓平治天下在于先治理国家，是说国君尊敬老人，百姓才会孝敬老人；国君尊重长辈，百姓才会尊重长辈；国君体恤孤儿，百姓就不会遗弃孤弱。所以说君子有以身作则、推己及人之道。

[解说]

《明儒学案》卷二十七《南中王门学案三》录徐存斋（阶）论学语云："《大学》絜矩，只是一个仁心。盖仁则于人无不爱，上下前后左右皆欲使不失所，故能推己以及之，所谓'惟仁人能爱人、能恶人''先王有不忍人之心，斯有不忍人之政'者也。学者须豫养此心始得。"

唐文治说："絜矩之道，所以平天下人心之不平也。"又说："平天下之人心当奈何？曰：始于与民同好恶，终于以义为利，则人心平而天下可得而平也。"

所恶于上①，**毋以使下**②；所恶于下，毋以事上；所恶于前，毋以先后；所恶于后，毋以从前；所恶于右，毋以交于左；所恶于左，毋以交于右。**此之谓絜矩之道。**

[古注]

郑注：絜矩之道，善持其所有以恕于人耳。治国之要尽于此。

朱注：此覆解上文絜矩二字之义。如不欲上之无礼于我，则必以此度下之心，而亦不敢以此无礼使之。不欲下之不忠于我，则必以此度上之心，而亦不敢以此不忠事之。至于前后左右，无不皆然，则身之所处，上下、四旁、长短、广狭，彼此如一，而无不方矣。彼同有是心而兴起焉者，又岂有一夫之不获哉。所操者约，而所及者广，此平天下之要道也。故章内之意，皆自此而推之。

[注释]

①恶（wù）：厌恶。②使：对待。下面的"事""先""从""交"义皆相近。

[今译]

上级的态度为我所厌恶，不能用这种态度去任使下级；下级的态度为我所厌恶，不能反用这种态度去服务上级。前面的人态度为我所厌恶，不能反用这种态度对待后面的人；后面的人态度为我所厌恶，不能用这种态度对待前面的人；右边的人态度为我所厌恶，不能用这种态度对待左边的人；左边的人态度为我所厌恶，不能用这种态度对待右边的人。这就叫作絜矩之道。

[解说]

《论语·里仁》篇："子曰：参乎！吾道一以贯之。曾子曰：'唯。'子出，门人问曰：'何谓也？'曾子曰：'夫子之道，忠恕而已矣！'"唐文治引陆桴亭云："忠者，立心之本也；恕者，所以求通之方也。……《大学》'絜矩'二字，是'忠恕'二字注脚。'所恶于上'一节，又是'絜矩'二字注脚。"

《论语》之文，夫子称"一贯"，曾子言"忠恕"，或为体用关系。"一贯"者，得中、用中之谓也，无过不及，所谓中庸之道。忠恕之教，乃是秉此中庸之道与人交往。

《诗》云："乐只君子，民之父母①。"民之所好好之②，民之所恶恶之③，此之谓民之父母。

[古注]

郑注：言治民之道无他，取于己而已。

朱注：《诗·小雅·南山有台》之篇。只，语助辞。言能絜矩而以民心为己心，则是爱民如子，而民爱之如父母矣。

[注释]

①乐只君子，民之父母：出自《诗经·小雅·南山有台》。据《毛诗序》，此诗为乐得贤才之意。意谓国君尊重君子贤良之士，可为民之父母。因为贤者必为百姓所爱戴，不贤者必为百姓所厌恶。乐只君子，郑

玄《毛诗笺》说："只之言是也，人君既得贤者，置之于位，又尊敬以礼乐乐之。"郑玄释"只"为"是"，意即"此"。朱子认为是助词。今从郑玄。②好（hào）：喜欢。下"好"同。③恶（wù）：厌恶。下"恶"同。

[今译]

《诗》篇里说："国君尊重贤才，真是百姓的好父母。"百姓欣赏的他也欣赏，百姓憎恶的他也憎恶，这样的国君才称得上是民之父母。

[解说]

在上位者如能秉持公心，好恶与百姓同，则民和、政通、天下平。

《诗》云："节彼南山，维石岩岩。赫赫师尹，民具尔瞻①。"有国者不可以不慎，辟则为天下僇矣②。

[古注]

郑注：岩岩，喻师尹之高严也。师尹，天子之大臣为政者也。言民皆视其所行而则之，可不慎其德乎？邪辟失道则有大刑。

朱注：《诗·小雅·节南山》之篇。节，截然高大貌。师尹，周太师尹氏也。具，俱也。辟，偏也。言在上者人所瞻仰，不可不谨。若不能絜矩而好恶殉于一己之偏，则身弑国亡，为天下之大戮矣。

[注释]

①节彼南山，维石岩岩。赫赫师尹，民具尔瞻：语出《诗经·小雅·节南山》，旧说指为讽刺幽王及其权臣之诗。节，高峻之貌。岩，积石之貌，比喻师尹地位尊严。赫赫，声威显赫之状。师，太师，周三公之一。周立太师、太傅、太保称"三公"。尹，尹氏。具，同"俱"，

皆。尔，你。瞻，仰望。②辟：邪辟之行。僇：同"戮"，诛杀。

[今译]

《诗》篇里说："那座高峻的南山，山石层叠威严。声望显赫的太师尹氏，百姓都在盯着你看。"掌握国家大权的人，不可以不谨慎，邪辟失道则将被天下百姓所诛讨！

[解说]

《孝经》三才章也引了"赫赫师尹，民具尔瞻"，旧题孔安国传解释说："言居显盛之位，众民皆瞻仰之，所行不可以违天地之经也。善恶则民从，故有位者慎焉。"强调在位掌权者的一言一行皆为民众所关注，故当慎重。

《诗》云："殷之未丧师，克配上帝。仪监于殷，峻命不易①。"道得众则得国②，失众则失国。

[古注]

郑注：师，众也。克，能也。峻，大也。言殷王帝乙以上未失其民之时，德亦有能配天者，谓天享其祭祀者。及纣为恶而民怨神怒，以失天下。监视殷时之事，天之大命得之诚不易也。道，犹言也。

朱注：《诗·文王》篇。师，众也。配，对也。配上帝，言其为天下君，而对乎上帝也。监，视也。峻，大也。不易，言难保也。道，言也。引《诗》而言此，以结上文两节之意。有天下者，能存此心而不失，则所以絜矩而与民同欲者，自不能已矣。

[注释]

①殷之未丧师，克配上帝。仪监于殷，峻命不易：语出《诗经·大雅·文王》篇。师，众，民心。克，能够。配，德可配天。仪，《毛诗》

作"宜",应该。峻,《毛诗》作"骏",大。②道:言。得众:得民心。

[今译]

《诗》篇里说:"殷商未失民心之时,德可上配天帝。应以殷商为鉴,获得天命实在不容易。"说的是得到民心就能得到整个国家,失掉民心将会失去整个国家。

是故君子先慎乎德。有德此有人①,有人此有土②,有土此有财③,有财此有用④。

[古注]

郑注:用,谓国用也。

朱注:先慎乎德,承上文不可不慎而言。德,即所谓明德。有人,谓得众。有土,谓得国。有国则不患无财用矣。

[注释]

①有人:得众,得民心。②土:土地,国土。③财:财富。④用:用度,国用。

[今译]

所以在位者首先要谨慎于德行。有了道德,民众才会归附,有了民众才能拓展土地,有了土地才可积累财富,有了财富才会用度充足。

德者本也,财者末也。

[古注]

朱注:本上文而言。

[今译]

道德是立国之本,财用只是末节。

[解说]

唐文治说:"先儒以为此本末事,即物有本末。愚谓此本末字较粗,与物有本末略异。"

外本内末①,争民施夺②。

[古注]

郑注:施夺,施其劫夺之情也。

朱注:人君以德为外,以财为内,则是争斗其民,而施之以劫夺之教也。盖财者人之所同欲,不能絜矩而欲专之,则民亦起而争夺矣。

[注释]

①外本内末:忽略根本,重视末节。②争民:使百姓相争。施夺:施以掠夺之教。

[今译]

假若轻视根本而重视末节,将引起百姓争利,兴起掠夺之风。

[解说]

朱子意谓君主如果不能与民同享财富,而专夺百姓之利,则百姓也将起而争夺,如此则国亡无日矣,即孟子所谓"上下交征利,而国危矣"(《孟子·梁惠王上》)。

是故财聚则民散①,财散则民聚。

[古注]

朱注:外本内末故财聚,争民施夺故民散,反是则有德而有人矣。

[注释]

①财聚:财富聚集在国君手中。民散:民心离散。

[今译]

所以,国君聚敛财富,百姓必将离散;国君散出财富,民心则会团结。

[解说]

此为藏富于民之意。

是故言悖而出者①,亦悖而入;货悖而入者②,亦悖而出。

[古注]

郑注:悖,犹逆也。言君有逆命,则民有逆辞也。上贪于利,则下人侵畔。老子曰:"多藏必厚亡。"

朱注:悖,逆也。此以言之出入,明货之出入也。自"先慎乎德"以下至此,又因财货以明能絜矩与不能者之得失也。

[注释]

①悖:违背,违戾。②货:财货。

[今译]

所以,说了违背情理的话,必有同样的话来反报;以不正当方式聚敛的财货,也必将以同样的方式散出。

[解说]

郑玄说:"言君有逆命,则民有逆辞也。上贪于利,则下人侵畔。"特指君主与臣民之间,乃是就上文顺势而解,亦颇可取。

唐文治引曾子曰:"出乎尔者,反乎尔者也。"按曾子言见于《孟子·梁惠王下》:"孟子对曰:'凶年饥岁,君之民老弱转乎沟壑,壮者散而之四方者,几千人矣;而君之仓廪实,府库充,有司莫以告,是上慢而残下也。曾子曰:'戒之戒之!出乎尔者,反乎尔者也。'夫民今而后得反之也。"

《康诰》曰："惟命不于常①！"道善则得之，不善则失之矣。

[古注]

郑注：于，於也。天命不于常，言不专祐一家也。

朱注：道，言也。因上文引《文王》诗之意而申言之，其丁宁反覆之意益深切矣。

[注释]

①惟：语助词。命：天命。于：为。孔颖达释为"于是"，今不从。

[今译]

《康诰》篇说："天命无常。"说的是德善则得天命，德不善将失掉天命。

[解说]

《尚书·西伯戡黎》："王曰：'呜呼！我生不有命在天？'祖尹反，曰：'乃罪多参在上，乃能责命于天。'"天命无常，惟有德者可以长有。

唐文治云："郑君云天命不专祐一家，言天理之公而恕也。天无独厚于一姓一家一身之理。其存亡也，善不善为之也。"

《楚书》曰①："楚国无以为宝②，惟善以为宝③。"

[古注]

郑注：《楚书》，楚昭王时书也。言以善人为宝，时谓观射父、昭奚恤也。

朱注：《楚书》，《楚语》。言不宝金玉而宝善人也。

大学 中庸 | 49

[注释]

①《楚书》：楚国的史书。②楚国：西周时立国，春秋时逐渐强盛，为春秋五霸之一，战国时为秦所灭。③惟：唯独，只有。

[今译]

《楚书》说："咱们楚国没有什么可当作宝贝的，只把善德之人当作宝贝。"

[解说]

《楚书》，郑玄注指为楚昭王时史籍。孔颖达疏云："郑知是'楚昭王时书'者，案《楚语》云，楚昭王使王孙圉聘于晋，定公飨之。赵简子鸣玉以相，问于王孙圉，曰：'楚之白珩犹在乎？其为宝几何矣？'王孙圉对曰：'未尝为宝。楚之所宝者，曰观射父，能作训辞，以行事于诸侯，使无以寡君为口实。'"

郑玄注所称之昭奚恤，传为楚宣王时人，见《新序·杂事》篇。孔颖达疏："《新序》云，秦欲伐楚，使者观楚之宝器。楚王召昭奚恤而问焉，对曰：'宝器在贤臣。'王遂使昭奚恤应之。昭奚恤发精兵三百人，陈于西门之内，为东面之坛一，南面之坛四，西面之坛一。秦使者至，昭奚恤曰：'君客也，请就上居东面之坛。'令尹子西南面，太宗子牧次之，叶公子高次之，司马子发次之。昭奚恤自居西面之坛，称曰：'客欲观楚之宝器乎？楚之所宝者，即贤臣也。唯大国之所观！'秦使无以对也。使归，告秦王曰：'楚多贤臣，无可以图之。'"

昭奚恤并非楚昭王时人，这里的"楚书"可以作为楚国史籍的泛称。

舅犯曰①:"亡人无以为宝,仁亲以为宝②。"

[古注]

郑注:舅犯,晋文公之舅狐偃也。亡人,谓文公也。时辟骊姬之谗,亡在翟,而献公薨,秦穆公使子显吊,因劝之复国,舅犯为之对此辞也。仁亲,犹言亲爱仁道也。明不因丧规利也。

朱注:舅犯,晋文公舅狐偃,字子犯。亡人,文公时为公子,出亡在外也。仁,爱也。事见《檀弓》。此两节又明不外本而内末之意。

[注释]

①舅犯:晋文公重耳的舅舅,名狐偃,子子犯,故称。②亡人无以为宝,仁亲以为宝:重耳流亡秦国时,其父献公去世,秦穆公派使者吊丧之际,试探重耳是否有兴兵复国之意,子犯授意重耳如此回复使者。事见《礼记·檀弓下》。亡人,逃亡在外的人。仁亲,仁义亲爱之道。

[今译]

晋文公重耳的舅舅子犯当年曾说过:"流亡在外的人,没有什么放不下的,只有仁爱和亲情才是最珍贵的。"

[解说]

《礼记·檀弓下》载:"晋献公之丧,秦穆公使人吊公子重耳,且曰:'寡人闻之:亡国恒于斯,得国恒于斯。虽吾子俨然在忧服之中,丧亦不可久也,时亦不可失也,孺子其图之!'以告舅犯。舅犯曰:'孺子其辞焉。丧人无宝,仁亲以为宝。父死之谓何?又因以为利,而天下其孰能说之?孺子其辞焉!'公子重耳对客曰:'君惠吊亡臣重耳,身丧父死,不得与于哭泣之哀,以为君忧。父死之谓何?或敢有他志以辱君义。'稽颡而不拜,哭而起,起而不私。子显以致命于穆公。穆公曰:'仁夫公子重耳!夫稽颡而不拜，则未为后也，故不成拜；哭而起，则爱父也；起而不私，则远利也。'"重耳流浪秦国时，晋献公去世，秦穆公派人慰问，试探重耳想不想借机复国。重耳没有马上回答，而告诉了舅舅子犯。子犯告诫重耳赶紧推辞，以仁爱和亲情之道为上，不可借父丧谋取私利。重耳便以子犯之言回复秦穆公使者。故秦穆公赞扬重耳为仁人。

唐文治说："惟晋文虽不杀夷吾，而仍杀怀公，则仁亲为宝，实假托之辞。《大学》特取其言之可采耳。以上三节，专言人善之当宝。"

《秦誓》曰[①]："若有一个臣[②]，断断兮无他技[③]，其心休休焉[④]，其如有容焉[⑤]。人之有技，若己有之，人之彦圣[⑥]，其心好之[⑦]，不啻若自其口出[⑧]，实能容之[⑨]。以能保我子孙黎民[⑩]，尚亦有利哉[⑪]。人之有技，媢嫉以恶之[⑫]，人之彦圣，而违之[⑬]，俾不通[⑭]，实不能容。以不能保我子孙黎民，亦曰殆哉[⑮]。"

[古注]

郑注：《秦誓》，《尚书》篇名也。秦穆公伐郑，为晋所败于殽。还，誓其群臣，而作此篇也。断断，诚一之貌也。他技，异端之技也。有技，才艺之技也。"若己有之""不啻若自其口出"，皆乐人有善之甚也。美士为彦。黎，众也。尚，庶几也。媢，妒也。违，犹戾也。俾，使也。拂戾贤人所为，使功不通于君也。殆，危也。彦，或作"盘"。

朱注：《秦誓》，《周书》。断断，诚一之貌。彦，美士也。圣，通明也。尚，庶几也。媢，忌也。违，拂戾也。殆，危也。

[注释]

①《秦誓》：公元前628年，秦穆公不听老臣劝阻，派遣孟明视、西乞术、白乙丙率师远袭郑国，至殽地半途被晋军伏击，全军覆没，三个将帅都被擒获（见《左传》僖公三十二年、三十三年所载）。秦穆公悔过，对群臣做了一番自我检讨。史臣录下，即为《秦誓》。②若有一个臣：《尚书·秦誓》作"如有一介臣"。个，《经典释文》云："一个，古贺反，《尚书》作'介'，音界臣。"一介即一个，言其少。③断断：郑玄谓"诚一之貌"，即忠诚专一之意。兮：语气助词。《尚书》作"猗"。技：技能。④休休：宽容之貌。⑤如：能。有容：有容人之气量。⑥彦：才学之士。⑦好：喜欢。⑧不啻（chì）：不只。若：《尚书》作"如"。自：从。⑨实：《尚书》作"是"。下"实不能容"之"实"《尚书》也作"是"。⑩以：任用。⑪尚亦有利哉：《尚书》作"亦职有利哉"。尚，庶几。⑫媢（mào）：《尚书》作"冒"，忌妒。恶：谗毁。⑬违：拂戾，阻碍。⑭俾（bǐ）：使。通：《尚书》作"达"，进用。⑮殆：危。

[今译]

《秦誓》里说："如果有一个大臣，忠贞专一却没有什么其他技能，他心胸宽广，善能容人。看到别人有技能，就像自己有一样高兴；别人有才华有品德，他心底里欢喜，不只是嘴上赞誉而已，如此好贤之人，必能有所包容。任用他是可以保护我子孙黎民的，也能造福于他们啊！还有一种人，看到别人有才能，就忌恨和谗毁；看到贤德之人，就想方设法阻碍他，使他无法进用，如此蔽贤，必无包容之心。这样的人不能保护我的子孙黎民，对他们只有危害啊！"

[解说]

唐文治说:"此秦穆公悔过求贤之辞,其体会贤奸心术情状,最为精至,皆如见其肺肝然也。'断断兮'二句,状其心之专一也。'其心休休焉'二句,状其度量之广大也。'人之有技'四句,状其好贤出于天性,赞美惟恐不及也。'实能容之'三句,言其受福之久且长也。下'人之有技'二句,状其私心之极,好恶之颠倒也。'人之彦圣'二句,状其蔽贤固塞而巧也。'实不能容'三句,言其受祸之切而近也。孟子曰:'不祥之实,蔽贤者当之。'天下惟蔽贤者受不祥之实为最大。"

唯仁人放流之①,迸诸四夷②,不与同中国③,此谓唯仁人为能爱人,能恶人。

[古注]

郑注:放去恶人、媢疾之类者,独仁人能之,如舜放四罪而天下咸服。

朱注:迸,读为"屏",古字通用。迸,犹逐也。言有此媢疾之人,妨贤而病国,则仁人必深恶而痛绝之。以其至公无私,故能得好恶之正如此也。

[注释]

①唯:只有。放流:流放,放逐。②迸:通"屏",摒弃,抛弃。四夷:古代指四方偏远异族之地。③同:同住。中国:中原。

[今译]

只有仁德之君才能把这种人流放,驱逐到边远之地,不让他们与贤者同居中原。这就叫只有仁德之君才真正懂得爱护贤者,憎恶坏人。

[解说]

《论语·里仁》篇子曰:"唯仁者能好人,能恶人。"仁者克己复礼,好恶凭乎公心,不妄为好恶,所以能得好恶之正。

见贤而不能举①,举而不能先②,命也③;见不善而不能退④,退而不能远⑤,过也⑥。

[古注]

郑注:命,读为"慢",声之误也。举贤而不能使君以先己,是轻慢于举人也。

朱注:命,郑氏云:"当作慢。"程子云:"当作怠。"未详孰是。若此者,知所爱恶矣,而未能尽爱恶之道,盖君子而未仁者也。

[注释]

①举:举荐。②先:拔擢任用,高于众人之位。③命:通"慢",怠慢,轻慢。④退:黜退。⑤远:驱逐。⑥过:过错。

[今译]

发现贤人而不能举荐,或者举荐了而不能使之高于众人之位,这就是怠慢。发现了不善之人而不能罢免黜退,或者罢免黜退了而不继续驱逐到远方,这就是过失了。

[解说]

唐文治说:"此节郑君意专指人臣,愚谓当兼人君而言。先,谓在群僚司之先,使得尽其所长也。"谓兼指君、臣,其说可取。

好人之所恶①,恶人之所好,是谓拂人之性②,灾必逮夫身③。

[古注]

郑注:拂,犹佹也。逮,及也。

朱注：拂，逆也。好善而恶恶，人之性也；至于拂人之性，则不仁之甚者也。自《秦誓》至此，又皆以申言好恶公私之极，以明上文所引《南山有台》《节南山》之意。

[注释]

①好（hào）：喜欢。恶（wù）：厌恶。②拂：拂逆，违背。③逮（dài）：及。

[今译]

喜欢人们所厌恶的，厌恶人们所喜爱的，这叫违背人性，灾祸必降及其身。

是故君子有大道，必忠信以得之①，骄泰以失之②。

[古注]

郑注：道，行所由。

朱注：君子，以位言之。道，谓居其位而修己治人之术。发己自尽为忠，循物无违谓信。骄者矜高，泰者侈肆。此因上所引《文王》《康诰》之意而言。章内三言得失，而语益加切，盖至此而天理存亡之几决矣。

[注释]

①忠：尽心尽力之意。信：不自欺欺人之谓。②骄泰：骄纵肆意。

[今译]

所以说，君子治国依据大道，忠信诚实则得之，骄纵放肆就会悖离大道。

[解说]

孔颖达说："大道，谓所由行孝悌仁义之大道也。此孝悌仁义必由行忠信以得之，由身骄泰以失之也。"

忠信之道，为孔门所特重。《论语·学而》曾子曰："吾日三省吾身，为人谋而不忠乎？与朋友交而不信乎？传不习乎？"以忠信为首。《学而》篇"主忠信，无友不如己者"，《述而》篇"子以四教，文行忠信"，皆明忠信之德不可须臾失去。

唐文治说："以上五节，专言进贤退不肖之道，当正其好恶之源。"

生财有大道。生之者众①，食之者寡②，为之者疾③，用之者舒④，则财恒足矣。

[古注]

郑注：是不务禄不肖，而勉民以农也。

朱注：吕氏曰："国无游民，则生者众矣；朝无幸位，则食者寡矣；不夺农时，则为之疾矣；量入为出，则用之舒矣。"愚按：此因有土有财而言，以明足国之道在乎务本而节用，非必外本内末而后财可聚也。自此以至终篇，皆一意也。

[注释]

①生之者众：孔颖达说："为农桑多也。"生，生产创造。众，多。②食之者寡：孔颖达说："减省无用之费也。"寡，少。③为之者疾：孔颖达说："百姓急营农桑事业也。"疾，迅速。④用之者舒：孔颖达说："君上缓于营造费用也。"舒，舒缓。

[今译]

创造财富也有大的原则。生产的人多而不滥加消费，生产迅速而国用宽缓，这样国家的财用自然能充足。

[解说]

孔颖达说:"明人君当先行仁义,爱省国用,以丰足财物。"

《礼记·王制》云:"冢宰制国用,必于岁之杪,五谷皆入,然后制国用,用地小大,视年之丰耗,以三十年之通制国用,量入以为出。"又云:"国无九年之蓄曰不足,无六年之蓄曰急,无三年之蓄曰国非其国也。"唐文治称此为古人理财之法。按《论语·学而》篇子曰:"道千乘之国,敬事而信,节用而爱人,使民以时。"所谓"节用",与《大学》此处意旨相通。

仁者以财发身①,不仁者以身发财。

[古注]

郑注:发,起也。言仁人有财则务于施与,以起身成其令名,不仁之人有身贪于聚敛,以起财务成富。

朱注:发,犹起也。仁者散财以得民,不仁者亡身以殖货。

[注释]

①发:起,建立。

[今译]

仁德之君散财以立德,(广得民心。)不仁之君贪心亡命,以聚敛财货为务。

未有上好仁而下不好义者也①,未有好义其事不终者也,未有府库财非其财者也。

[古注]

郑注:言君行仁道,则其臣必义,以义举事无不成者,其为诚然如己府库之时为己有也。

朱注：上好仁以爱其下，则下好义以忠其上；所以事必有终，而府库之财无悖出之患也。

[注释]

①好（hào）：爱好。

[今译]

国君爱慕仁德，臣民必守道义；臣民恪守道义，国事必能成功；国君行仁，臣民立义，国事有成，好比国君有府库之财，终仍为其所用。

[解说]

孔颖达说："君若行仁，民必报义，义必终事。譬如人君有府库之财，必还为所用也。"

唐文治说："《大学》不言利而《周易》言利，何也？考《易传》曰'利者义之和也'，是亦以义为利也。《易传》又曰'以美利利天下'。盖《易传》言利，言天下之公利也。《大学》不言利，不言一人之私利也。以美利公天下，义莫大焉，故又曰'利物足以和义'。《尚书》论'正德、利用、厚生'，曰'惟和'，盖好仁则上下同心，天下和平，而事岂有不终者乎。府库财，国之财也，而有时非其财者，何也？以其财施之于一人，则民将劫夺之，而非其财矣。故欲府库之财之是其财，必先行仁义。其财者，国之财，非君之私财也。"其说至精。

孟献子曰①:"畜马乘不察于鸡豚②,伐冰之家不畜牛羊③,百乘之家不畜聚敛之臣④,与其有聚敛之臣,宁有盗臣⑤。"此谓国不以利为利⑥,以义为利也⑦。

[古注]

郑注:孟献子,鲁大夫仲孙蔑也。畜马乘,谓以士初试为大夫也。伐冰之家,卿大夫以上丧祭用冰。百乘之家,有采地者也。鸡豚牛羊,民之所畜养以为财利者也。国家利义不利财,盗臣损财耳,聚敛之臣乃损义。《论语》曰:"季氏富于周公,而求也为之聚敛,非吾徒也。小子鸣鼓而攻之可也。"

朱注:孟献子,鲁之贤大夫仲孙蔑也。畜马乘,士初试为大夫者也。伐冰之家,卿大夫以上丧祭用冰者也。百乘之家,有采地者也。君子宁亡己之财,而不忍伤民之力;故宁有盗臣,而不畜聚敛之臣。"此谓"以下,释献子之言也。

[注释]

①孟献子:鲁国卿大夫仲孙蔑。鲁三桓之一孟孙氏第五代宗主,孟文伯之子,蔑是名,献是谥号。②畜(xù)马乘(shèng):指士初为大夫的待遇。畜,养。乘,兵车。古代一车四马。察:关心,查看。豚(tún):小猪。③伐冰之家:指卿大夫家,丧祭之事可用冰,故称。伐,取。④百乘之家:卿大夫有采邑者。⑤盗臣:盗窃府库的家臣。⑥以利为利:以财富等私利为利益。⑦以义为利:以道义为利益。

[今译]

鲁国大夫孟献子曾经说:"配备马匹车辆的士大夫家,不应该计较养鸡喂猪等小利;有资格取冰备祭的卿大夫家,不应该考虑饲养牛羊去牟利的事;拥有兵车百辆、采邑百里的卿大夫家,不应该养着专事搜刮聚敛的家臣。与其家中有这种聚敛之臣，还不如有个偷盗财物的小臣。"这是说，国君治理国家不能够以财货私利为贵，而应该以公利道义为重。

长国家而务财用者①，必自小人矣②，彼为善之③。小人之使为国家④，灾害并至。虽有善者⑤，亦无如之何矣⑥！此谓国不以利为利，以义为利也。

[古注]

郑注：言务聚财为己用者必忘义，是小人所为也。彼，君也。君将欲以仁义善其政，而使小人治其国家之事，患难猥至，虽云有善，不能救之，以其恶之已著也。

朱注："彼为善之"，此句上下，疑有阙文误字。自，由也，言由小人导之也。此一节，深明以利为利之害，而重言以结之，其丁宁之意切矣。

[注释]

①长（zhǎng）：统管。务：从事。②自：由。③彼为善之：即"惟彼善之"，意谓只有小人擅长聚财之事。此处释意及句读未从郑玄注。④小人之使为国家：即"使小人为国家"。为，治理，掌管。⑤善者：贤人。⑥无如之何：无可奈何。

[今译]

领导国家而致力于聚敛财富的国君，必然会任使小人，因为只有小人擅长聚敛之事。但小人如此治国，天灾人祸就会一齐降下。到那时，即使国有贤能之士，也无力回天了！这也是说，治理国家不能以财货私利为重，而应该以公利道义为贵。

[解说]

刘光蕡说:"《孟子》一书,言经世处不外同民,即《大学》好民好、恶民恶也。至《告子》篇后始多辩学语,性善即明德之至善,'万物皆备于我',所以明德须明于天下。孟子承《大学》之传,谓受业于子思之门人,其语不虚也。"

中 庸[①]

[古注]

郑玄：以其记中和之为用也。庸，用也。孔子之孙子思作之，以昭明圣祖之德也。

程颐：不偏之谓中，不易之谓庸。中者，天下之正道；庸者，天下之定理。

朱熹：中者，不偏不倚、无过不及之名。庸，平常也。

[注释]

① 中庸：此篇相传为孔子之孙子思所作。中，古文为物体平分之象，表中正不偏、无过不及之义。庸，用（《说文解字》），寻常日用谓之庸，故又有常义。《周易·乾卦·文言》："庸言之信，庸行之谨。"九家注："庸，常也。谓言常以信，行常以谨。"

[解说]

"用中"（中庸）之道，为古代百王所同。《论语·尧曰》中，尧之命舜，曰"允执其中"，舜亦以此命禹。《周礼·春官·大司乐》中有"以乐德教国子，中、和、祗、庸、孝、友"。《易传》亦贵用中。

黄以周说："中者，无过不及之名。民所受天地以生，是性之体也。其用之在人，谓之庸。庸，常也，用也。其字从庚从用，用中为常道，天下所不变易也。"此说精辟。

天命之谓性①，率性之谓道②，修道之谓教③。

[古注]

郑注：天命，谓天所命生人者也。是谓性命。木神则仁，金神则义，火神则礼，水神则信，土神则知。《孝经说》曰："性者生之质，命人所禀受度也。"率，循也。循性行之，是谓道。修，治也。治而广之，人放效之，是曰教。

朱注：命，犹令也。性，即理也。天以阴阳五行化生万物，气以成形，而理亦赋焉，犹命令也。于是人物之生，因各得其所赋之理，以为健顺五常之德，所谓性也。率，循也。道，犹路也。人物各循其性之自然，则其日用事物之间，莫不各有当行之路，是则所谓道也。修，品节之也。性道虽同，而气禀或异，故不能无过不及之差，圣人因人物之所当行者而品节之，以为法于天下，则谓之教，若礼、乐、刑、政之属是也。盖人之所以为人，道之所以为道，圣人之所以为教，原其所自，无一不本于天而备于我。学者知之，则其于学知所用力而自不能已矣。故子思于此首发明之，读者所宜深体而默识也。

[注释]

①天命：上天给予人的禀赋。性：人性，本性。②率：顺，遵循。道：道理，天道。③修：修习，阐明。教：教化。

[今译]

上天给予人的自然秉赋称作天性，遵循天性去行动才合乎大道，修明此道并加以推广则是教化。

[解说]

　　黄以周认为此三句为全篇之纲领。他不同意朱熹以理言性，说："天以是气赋于人，而理即具于其中。《烝民》诗所谓'有物有则'，初无理、气之可分也。《春秋左氏传》曰'民受天地之中以生，所谓命也'，则天命者，命此中。谓之性者，性其中也。中为物之则。故《传》又曰'是以有动作礼义威仪之则，以定命也'。孔子曰'夫有物必有则'。即率性之说也。性秉五行之秀气，其存诸内者曰仁、礼、谊、信、智之五德，亦曰五性；其见诸外者，曰君臣、父子、兄弟、夫妇、朋友之五伦，亦曰五达道。道之推广于家国天下民人者，曰礼、乐、刑、政，其教也。"

　　唐文治说："性道教三字，专属诸人。朱注兼人、物说，恐非。"又引陆桴亭云："今人看'率性'率字大错。朱子曰'率，循也'，由也。言物各有其性之自然，则莫不有道，所以明道本在吾性中。孟子所谓'非由外铄，我固有之'之意也。今人却看作'率意'率字，动称不学不虑。"

　　《孟子·尽心上》云："尽其心者，知其性也。知其性，则知天矣。存其心，养其性，所以事天也。"陈澧说："'尽其心'者，尽恻隐、羞恶、恭敬、是非之心也。'知其性'者，知仁义礼智之性也。……仁义礼智，皆由于'天生蒸民，有物有则'。故知性则知天也。所谓知天者如此。"（《东塾读书记》三《孟子》）

　　儒家人性论虽有善、恶之别，但认为性出于天则是共识，只是由于先天禀赋有别，后天习染不同，方有贤不肖之分，因此儒家强调教化，以礼乐刑政为辅，修明人性，进而达于天道。

道也者，不可须臾离也[①]**，可离非道也。是故君子戒慎乎其所不睹**[②]**，恐惧乎其所不闻。**

[古注]

郑注：道，犹道路也，出入动作由之，离之恶乎从也。小人闲居为不善，无所不至也。君子则不然，虽视之无人，听之无声，犹戒慎恐惧自修正，是其不须臾离道。

朱注：道者，日用事物当行之理，皆性之德而具于心，无物不有，无时不然，所以不可须臾离也。若其可离，则为外物而非道矣。是以君子之心常存敬畏，虽不见闻，亦不敢忽，所以存天理之本然，而不使离于须臾之顷也。

[注释]

①须臾（xū yú）：片刻。②是故：因此。戒慎：警戒，谨慎。睹：看到。

[今译]

道不可片刻背离，可以背离的那就不是道了。因此，君子在别人看不到、听不见的地方也都小心谨慎，常怀畏惧之心。

[解说]

唐文治云："《左氏传》刘子曰'勤礼莫如致敬，敬在养神'，孟子曰'存其心，养其性，所以事天也'。戒惧慎独，所以养神而事天也。"又引李二曲云："识得良知即是性，依良知而行，不昧良知即是率性，即是道。"

莫见乎隐①，莫显乎微②。故君子慎其独也③。

[古注]

郑注：慎独者，慎其闲居之所为。小人于隐者动作言语自以为不见睹、不见闻，则必肆尽其情也。若有占听之者，是为显见，甚于众人之中为之。

朱注：隐，暗处也。微，细事也。独者，人所不知而己所独知之地也。言幽暗之中，细微之事，迹虽未形而几则已动，人虽不知而己独知之，则是天下之事无有著见明显而过于此者。是以君子既常戒惧，而于此尤加谨焉，所以遏人欲于将萌，而不使其滋长于隐微之中，以至离道之远也。

[注释]

①见：同"现"，表现。隐：隐密之处。②显：彰显。微：细微之处。③慎其独：即"慎独"，谨慎于独处之时的意念。其，虚词。

[今译]

没有比隐秘之处、细微之事更容易显露出种种端倪，因此君子独处之时尤为谨慎。

[解说]

郑玄和朱子对此处"慎独"的理解各有侧重，因而略有差异。

郑注强调谨慎于闲居独处之时，孔颖达解释说："凡在众人之中，犹知所畏，及至幽隐之处，谓人不见，便即恣情。人皆占听察见，罪状甚于众人之中，所以恒须慎惧。"

朱子侧重对于欲念的防微杜渐，唐文治有所阐发，说："《周易》大义一消一息，消者正所以为息也。故隐者正所以为见也，微者正所以为显也。周子曰：'几善恶。'又曰：'动而未形、有无之间者,几也。'又曰:'诚精故明,神应故妙,几微故幽。'盖圣人者诚而神者也。君子者,善审几者也。几者,当念虑初起之时,善者则扩而充之,恶者则遏而绝之,故《易传》曰'几者动之微,吉之先见者也'。《中庸》言率性之道,以至于不动而敬,不言而信,其功皆本于慎独。《大学》言诚意正心,以致修齐治平,其功亦皆本于慎独。未有不慎独而能修己者也,未有不慎独而能治人者也。十目所视,十手所指,此曾子相传之学说也。"

喜怒哀乐之未发,谓之中①;发而皆中节②,谓之和③。中也者,天下之大本也④;和也者,天下之达道也⑤。

[古注]

郑注:中为大本者,以其含喜怒哀乐,礼之所由生,政教自此出也。

朱注:喜、怒、哀、乐,情也。其未发,则性也,无所偏倚,故谓之中。发皆中节,情之正也,无所乖戾,故谓之和。大本者,天命之性,天下之理皆由此出,道之体也。达道者,循性之谓,天下古今之所共由,道之用也。此言性情之德,以明道不可离之意。

[注释]

①中(zhōng):不偏不倚谓之中。②中(zhòng):符合。节:法度,原则。③和:处处合宜、无所乖戾谓之和。④大本:大的根本。⑤达道:普遍适用的法则。

[今译]

喜怒哀乐之情未曾发生,这种不偏不倚的状态称作"中";发露出来却处处合宜,这种无所违戾的状态叫作"和"。中是天下的根本,和是天下的大道。

致中和①，天地位焉②，万物育焉③。

[古注]

郑注：致，行之至也。位，犹正也。育，生也，长也。

朱注：致，推而极之也。位者，安其所也。育者，遂其生也。自戒惧而约之，以至于至静之中，无少偏倚，而其守不失，则极其中而天地位矣。自谨独而精之，以至于应物之处，无少差谬，而无适不然，则极其和而万物育矣。盖天地万物本吾一体，吾之心正，则天地之心亦正矣，吾之气顺，则天地之气亦顺矣。故其效验至于如此。此学问之极功、圣人之能事，初非有待于外，而修道之教亦在其中矣。是其一体一用虽有动静之殊，然必其体立而后用有以行，则其实亦非有两事也。故于此合而言之，以结上文之意。

[注释]

①致：达到。②位：各安其所。③育：生长，化育。

[今译]

君子修身内省如能达到中和之境，就能感悟天地各安其位、万物各遂其生的道理。

[解说]

唐文治云："圣人尽性之学，只在致中和。王者之刑赏庆罚，制礼作乐，皆本于喜怒哀乐。因一人之中和而使万物各得其所。中和之时义大矣哉！朱子曰：'吾之心正，则天地之心亦正矣，吾之气顺，则天地之气亦顺矣。'愚少时尝疑其说，后悟朱子此说实本于《洪范》。盖指为人上者而言。《洪范》：'曰休征，曰肃，时雨若，曰乂，时旸若……曰圣，时风若。'此即所谓'致中和，天地位、万物育'者也。"

以上第一章。《中庸》分章用朱子《章句》之说,其与郑玄文义理解分歧较大者随文辨析。

仲尼曰^①:"君子中庸,小人反中庸^②。君子之中庸也,君子而时中^③;小人之中庸也,小人而无忌惮也^④。"

[古注]

郑注:庸,常也。用中为常道也。反中庸者,所行非中庸,然亦自以为中庸也。君子而时中者,其容貌君子而又时节其中也。小人而无忌惮,其容貌小人,又以无畏难为常行,是其反中庸也。

朱注:中庸者,不偏不倚、无过不及,而平常之理,乃天命所当然,精微之极致也。惟君子为能体之,小人反是。王肃本作"小人之反中庸也",程子亦以为然。今从之。君子之所以为中庸者,以其有君子之德,而又能随时以处中也。小人之所以反中庸者,以其有小人之心,而又无所忌惮也。盖中无定体,随时而在,是乃平常之理也。君子知其在我,故能戒谨不睹、恐惧不闻,而无时不中。小人不知有此,则肆欲妄行,而无所忌惮矣。

[注释]

①仲尼:孔子,字仲尼。②反:违背。③时中:随时折中,因时制宜。④忌惮:顾忌。

[今译]

孔子说:"君子的言行符合中庸之道,小人的言行违背中庸之道。君子所以符合中庸,是因为君子能够因时制宜,不偏不倚;小人自以为合于中庸,于是任意妄为,无所忌惮。"

[解说]

"小人之中庸"句,陆德明《经典释文》引王肃之本作"小人之反中庸",程子、朱子从之。黄以周非之,其说云:"君子之中庸也,以其人为慎独之君子,而又能随时用中;小人亦自以为中庸也,以其人为反中庸之小人,而初无所忌惮也。然则中庸以戒慎恐惧而行,以无忌惮而灭。子思一再咏叹,其意深长矣。"黄氏之意,小人乃是自以为中庸,故而无所忌惮,不必增一"反"字。

以上第二章。

子曰:"中庸其至矣乎①!民鲜能久矣②!"

[古注]

郑注:鲜,罕也。言中庸为道至美,顾人罕能久行。

朱注:过则失中,不及则未至,故惟中庸之德为至。然亦人所同得,初无难事,但世教衰,民不兴行,故鲜能之,今已久矣。《论语》无"能"字。

[注释]

①至:极致。②鲜(xiǎn):罕,少。能:能够做到。

[今译]

孔子说:"中庸之德应该是至高无上的了!可惜长久以来,极少有人能够做到。"

[解说]

"民鲜能久"句,郑玄、朱子句读微别,郑玄意谓人很少能够长期坚持,朱子认为民不能行中庸之道,此事已久。

郑玄之意,黄以周述之,说:"特揭中庸鲜能,以领下数节之意,明民之过与不及之多也。注以'能久'连读,即下'不能期月守'之意。近读皆以'鲜能'为句。"

朱注及近读,唐文治从之,理由是"此'鲜能'与下文'鲜能知味'同"。今译从之。《论语·雍也》篇,子曰:"中庸之为德也,其至矣乎。民鲜久矣。"《中庸》所引,正是櫽栝《论语》此文。

以上第三章。

子曰:"道之不行也,我知之矣,知者过之①,愚者不及也;道之不明也②,我知之矣,贤者过之,不肖者不及也。人莫不饮食也,鲜能知味也③。"

[古注]

郑注:罕知其味,谓愚者所以不及也。过与不及,使道不行,惟礼能为之中。

朱注:道者,天理之当然,中而已矣。知愚贤不肖之过不及,则生禀之异而失其中也。知者知之过,既以道为不足行;愚者不及知,又不知所以行,此道之所以常不行也。贤者行之过,既以道为不足知;不肖者不及行,又不求所以知,此道之所以常不明也。道不可离,人自不察,是以有过不及之弊。

[注释]

①知(zhì):同"智"。②明:昌明。③鲜(xiǎn):少。

[今译]

孔子说:"中庸之道何以久不能行,我知道原因了。聪明的人往往不屑恪守中道,愚笨的人根本做不到。中庸之道何以久不昌明,我也知道原因了。才学之士往往不屑于深研中道，无才之人的认识又完全达不到。这好比人们每天都吃饭喝水，（但习焉不察，无所用心，）很少有人能真正辨别其中的滋味。"

[解说]

黄以周说："饮食之过，反变其味；饮食有所不及，不知其美，故曰'鲜能知味'。'莫不饮食'，孟子所谓'终身由之'是也。'鲜能知味'，孟子所谓'不知其道者众'是也。"又指出："郑注发明《中庸》为崇礼之书。"按：《礼记·仲尼燕居》篇孔子曰："师尔过而商也不及。……夫礼所以制中也。"即为郑注所本。

唐文治说："《大学》云'心不在焉'，'食而不知其味'，可见失中者皆由于放心，心放而形骸为虚设。然则心之灵觉岂不要哉！"

以上第四章。

子曰："道其不行矣夫①！"

[古注]

郑注：闵无明君教之。

朱注：由不明，故不行。

[注释]

①其：语气词，有感叹意味。夫（fú）：句末助词。

[今译]

孔子说："中庸之道真的不能实行于世了吗！"

[解说]

朱子认为,人之所以不能行道,根本在于不"明"道。可谓精警。

以上第五章。

子曰:"舜其大知也与①!舜好问而好察迩言②,隐恶而扬善③,执其两端④,用其中于民⑤,其斯以为舜乎⑥!"

[古注]

郑注:迩,近也。近言而善,易以进人,察而行之也。两端,过与不及也。用其中于民,贤与不肖皆能行之也。斯,此也。其德如此,乃号为尧舜。舜之言充也。

朱注:舜之所以为大知者,以其不自用而取诸人也。迩言者,浅近之言,犹必察焉,其无遗善可知。然于其言之未善者则隐而不宣,其善者则播而不匿,其广大光明又如此,则人孰不乐告以善哉。两端,谓众论不同之极致。盖凡物皆有两端,如小大厚薄之类,于善之中又执其两端,而量度以取中,然后用之,则其择之审而行之至矣。然非在我之权度精切不差,何以与此。此知之所以无过不及,而道之所以行也。

[注释]

①知:同"智",智慧。与(yú):疑问语气词。②好:喜欢。迩(ěr)言:身边人的言论。朱子解为浅近之言。迩,近。③隐:藏。④两端:过与不及两种极端。⑤用其中:采取中庸之道。⑥其:强调语气。斯:这。

[今译]

孔子说:"舜应该是最智慧的人了吧!可是他仍然喜欢向别人请教,

并且善于考察身边人的言论，对他人能隐恶扬善。对于人们过与不及的两种极端，能够以中庸之道加以教化。这就是舜之所以为舜的原因吧！"

[解说]

《论语·尧曰》尧曰："咨尔舜，天之历数在尔躬，允执其中。"即执两端用其中之意。

以上第六章。

子曰："人皆曰'予知'①，驱而纳诸罟擭陷阱之中②，而莫之知辟也③。人皆曰'予知'，择乎中庸而不能期月守也④。"

[古注]

郑注：予，我也。言凡人自谓有知，人使之入罟不知辟也。自谓择中庸而为之，亦不能久行，言其实愚又无恒。

朱注：罟，网也；擭，机槛也；陷阱，坑坎也；皆所以掩取禽兽者也。择乎中庸，辨别众理，以求所谓中庸，即上章好问用中之事也。期月，匝一月也。言知祸而不知辟，以况能择而不能守，皆不得为知也。

[注释]

①知：同"智"，聪明。②罟（gǔ）：捕兽的罗网。擭（huò）：带机关的兽笼。陷阱：捕兽的地坑。③辟：同"避"。④期（jī）月：一整月。

[今译]

孔子说："人人都自以为聪明，（可是在利欲驱使之下，）却像禽兽般陷入罗网、机关和陷阱当中，而不知道躲避。人人都自以为明智，可是对中庸之道的追求，连一整月也坚守不了。"

[解说]

以上第七章。

子曰："回之为人也①，择乎中庸②，得一善，则拳拳服膺而弗失之矣③。"

[古注]

郑注：拳拳，奉持之貌。

朱注：回，孔子弟子颜渊名。拳拳，奉持之貌。服，犹著也。膺，胸也。奉持而著之心胸之间，言能守也。颜子盖真知之，故能择能守如此，此行之所以无过不及，而道之所以明也。

[注释]

①回：孔子弟子，姓颜名回，字子渊，鲁国人。②择：选定。③拳拳：诚挚恳切之貌。

[今译]

孔子说："颜回为人，择定了中庸之道便能恪守。每有心得，就牢牢持守，不放弃。"

[解说]

唐文治说："此颜子之心学也。《易传》子曰：'颜氏之子，其殆庶几乎。有不善未尝不知，知之未尝复行也。《易》曰不远复，无祗悔，元吉。'《论语》子曰：'回也，其心三月不违仁。'"

以上第八章。

子曰："天下国家可均也①，爵禄可辞也，白刃可蹈也②，中庸不可能也③。"

[古注]

郑注：言中庸难为之难。

朱注：均，平治也。三者亦知仁勇之事，天下之至难也，然不必其合于中庸，则质之近似者皆能以力为之。若中庸，则虽不必皆如三者之难，然非义精仁熟，而无一毫人欲之私者，不能及也。三者难而易，中庸易而难，此民之所以鲜能也。

[注释]

①均：平均，指均贫富。②蹈：踩上去。③能：做到。

[今译]

孔子说："天下贫富产业容易均分，官爵俸禄可以辞掉，利刃也是可以踩上去的，可是想达到中庸之道却不容易。"

[解说]

唐文治说："朱子训均为平治，恐非。平治天下，必归诸中庸之士。此言天下国家可均者，盖谓均贫富之产业也。……惟得其中，而后均天下国家，辞爵禄，蹈白刃，于义无所亏缺，于情无所偏着。苟失其中，则均天下国家，辞爵禄，蹈白刃，非为名，即为利，非为利，即为意气。虽为一时无识者所推许，而流弊无穷，深可惜也。虽然，圣人云中庸不可能，未尝云终不可能。中庸者，秉于生初者也。自在教育国民者涵养熏陶，善剂其偏，庶几中庸之士出，而彼之均天下国家、辞爵禄、蹈白刃者亦皆进于范围，而不至流于偏僻矣。"

以上第九章。

子路问强①。

[古注]

郑注：强，勇者所好也。

朱注：子路，孔子弟子仲由也。子路好勇，故问强。

[注释]

①子路：孔子弟子，姓仲，名由，字子路，鲁国人。

[今译]

子路问如何方能算是"强"。

[解说]

唐文治引顾亭林云："《洪范》六极，六曰弱，郑康成注：'愚懦不毅为弱。'故子路问强。"

子曰："南方之强与①？北方之强与？抑而强与②？

[古注]

郑注：言三者所以为强者异也。抑，辞也。而之言女也，谓中国也。

朱注：抑，语辞。而，汝也。

[注释]

①与（yú）：疑问语气词。②抑：或，表转折语气。而：你，指子路。

[今译]

孔子回答："你问的是南方人的强呢，还是北方人的强呢，或者是你这样的强呢？

[解说]

唐文治说："郑注以'而'为中国，恐非。此所谓而强者，非指地利而言，指道德之矫气习而言也。"

按：唐说恐非。子路为鲁国人，鲁国近中原，故郑玄云"中国"，孔颖达也说"子路之强，行中国之强也"。

"宽柔以教,不报无道①,南方之强也,君子居之②。

[古注]

郑注:南方以舒缓为强,不报无道,谓犯而不校也。

朱注:宽柔以教,谓含容巽顺以诲人之不及也。不报无道,谓横逆之来,直受之而不报也。南方风气柔弱,故以含忍之力胜人为强,君子之道也。

[注释]

①报:报复。无道:横暴无礼。②居之:以此为处事原则。

[今译]

"用宽容的态度去教化人,不去报复蛮横无理的行径,这是南方人的强,谦和的君子都是如此。

"衽金革①,死而不厌②,北方之强也,而强者居之。

[古注]

郑注:衽,犹席也。北方以刚猛为强。

朱注:衽,席也。金,戈兵之属。革,甲胄之属。北方风气刚劲,故以果敢之力胜人为强,强者之事也。

[注释]

①衽(rèn)金革:睡在兵戈铠甲上。衽,卧席,这里作动词用。②厌:后悔。

[今译]

"经常枕着刀枪、穿着盔甲睡觉,死而无悔,这是北方人的强,刚猛好胜者属于这种强。

"故君子和而不流①,强哉矫②!中立而不倚③,强哉矫!国有道,不变塞焉④,强哉矫!国无道,至死不变,强哉矫!"

[古注]

郑注:此抑女之强也。流,犹移也。塞,犹实也。国有道,不变以趋时。国无道,不变以辟害。有道无道,一也。矫,强貌。塞,或为"色"。

朱注:此四者,汝之所当强也。矫,强貌。《诗》曰"矫矫虎臣"是也。倚,偏著也。塞,未达也。国有道,不变未达之所守;国无道,不变平生之所守也。此则所谓中庸之不可能者,非有以自胜其人欲之私,不能择而守也。君子之强,孰大于是。夫子以是告子路者,所以抑其血气之刚,而进之以德义之勇也。

[注释]

①和:和睦。流:同流合污。②哉:叹词。矫:壮大强盛之貌。③倚:偏。④塞:郑玄解释为"实",本来、本质之意。朱熹解释为"未达",即没有发达之前。皆通。译文斟酌二家。

[今译]

"所以,君子能与人和睦相处但不同流合污,是真正的强者!君子恪守中道能够不偏不倚,是真正的强者!国家有道,君子也不改变最初的操守(以迎合时势),是真正的强者!国家无道,君子至死也不改变平生操守,是真正的强者!"

[解说]

南方之强与北方之强有过与不及之憾,君子之强,贵在自强不息,中和自守,孔子所言四者之强皆为此类,用以勉励子路,朱注所谓"抑其血气之刚，而进之以德义之勇"。

黄以周说："南方宽教，志在均国。北方衽革，志在蹈刃。皆自以为中庸，而实非中庸。必如君子之中和不变，斯为均国蹈刃之极则。"

郑玄注"塞"为"实"，盖以"塞"为"寒"之假借（黄以周说）。《说文解字》："寒，实也。从心塞省声。《虞书》曰：'刚而寒'。"

唐文治引《孟子·尽心上》"中天下而立"释"中立不倚"。又引《易·乾卦·象传》"天行健，君子以自强不息"释此处之强。又引胡云峰云："君子以自胜为强，纯乎义理，而出于风气之外，此变化气质之功，所以为大也。"

以上第十章。

子曰："素隐行怪①，后世有述焉②，吾弗为之矣③。

[古注]

郑注：素读如"攻城攻其所傃"之傃。傃，犹乡也。言方乡辟害隐身，而行诡谲以作后世名也。弗为之矣。耻之也。

朱注："素"，按《汉书》当作"索"，盖字之误也。索隐行怪，言深求隐僻之理，而过为诡异之行也。然以其足以欺世而盗名，故后世或有称述之者。此知之过而不择乎善，行之过而不用其中，不当强而强者也，圣人岂为之哉！

[注释]

①素隐行怪：以隐居为常，行怪异之事。素，依郑注，读如"傃"，

当解作"向",寻常、平素之义。朱熹认为是"索"字之误,探求之义。今从郑说,详见下。隐,隐僻。怪,诡异。②述:称述,称道。③弗:不。

[今译]

孔子说:"日常隐居避世,然多行诡异之事,(以引人注意,)即便后代有所称述,我也绝不这样做。"

[解说]

黄以周说:"素,如字。'素隐'谓以隐为常。注读为傃,谓方乡隐身。《汉·艺文志》论神仙家引作'索隐',谓求处幽隐,义并相近。与《易传》之'索隐'为学术深远辞异。平素乡隐而行诡谲以作后世之名,是其求见知之心甚切也,与遁世不见知而无悔者相反。"

"君子遵道而行,半涂而废①,吾弗能已矣②。

[古注]

郑注:废,犹罢止也。弗能已矣,汲汲行道,不为时人之隐行。

朱注:遵道而行,则能择乎善矣;半涂而废,则力之不足也。此其知虽足以及之,而行有不逮,当强而不强者也。已,止也。圣人于此,非勉焉而不敢废,盖至诚无息,自有所不能止也。

[注释]

①涂:同"途"。②已:止,停息。

[今译]

"君子遵循大道而行,有的却半途而废,我可绝不会允许自己这样停息下来。

[解说]

黄以周说:"'半废'对'素隐'而言,与《论语》《表记》'中道而废'为学问暂时休息者亦异。"按:《论语·雍也》:"冉求曰:'非不说子之道,力不足也。'子曰:'力不足者,中道而废。今女画。'"黄式三《论语后案》说:"中,半也。废,古通'置'。置于半途,暂息之,俟有力而肩之也。《表记》:'向道而行,中道而废,忘身之老也,俛焉日有孳孳,毙而后已。'则中道而废是力极休息,复蓄聚其力也。画,止于半途而不进也。学无止境,死而后已,一息尚存,此志不懈,安得画?"

"君子依乎中庸①,遁世不见知而不悔②,唯圣者能之。"

[古注]

郑注:言隐者当如此也。唯舜为能如此。

朱注:不为索隐行怪,则依乎中庸而已。不能半涂而废,是以遁世不见知而不悔也。此中庸之成德,知之尽、仁之至、不赖勇而裕如者,正吾夫子之事,而犹不自居也。故曰唯圣者能之而已。

[注释]

①依:凭依,恪守。②遁世:隐遁不仕。

[今译]

"君子服膺中庸之道,即使隐遁世外不被人理解,也不遗憾,这是只有圣人才能做得到的。"

[解说]

"遁世不见知而不悔",即《周易》所谓"遁世无闷"。《乾卦·文言》释初九"潜龙勿用"曰:"龙德而隐者也。不易乎世,不成乎名。遁世无闷,不见是而无闷。乐则行之,忧则违之。确乎其不可拔,潜龙也。"大过卦《象辞》云:"泽灭木,大过。君子以独立不惧,遁世无闷。"《论语·学而》篇:"人不知而不愠,不亦君子乎。"儒家遁世与避世不同,无道则隐,有道则仕,皆依乎中庸。

以上第十一章。

君子之道费而隐[①]。

[古注]

郑注:言可隐之节也。费,犹佹也。道不费则仕。

朱注:费,用之广也。隐,体之微也。

[注释]

①费:郑玄解为"佹(guǐ)",乖戾背离之意,指违背志向。《礼记释文》一本作"拂",也是此义。朱子解为功用广大。今从之。详下。隐:隐微精妙。

[今译]

君子恪守的中庸之道,功用广大无穷,本体隐微精妙。

[解说]

郑玄、朱子两解不同。郑玄之意,君子坚守的志向如果与世道相乖违,则将遁世隐退。孔颖达疏云:"君子之人遭值乱世,道德违费,则隐而不仕。若道之不费,则当仕也。"

依郑玄之解,此句文意与上相连,黄以周分章即如此。朱子以为此句为下章之开头。就文意而言,郑、朱二说并通,今姑从朱子之说，分章亦从之。

夫妇之愚①，可以与知焉②，及其至也③，虽圣人亦有所不知焉；夫妇之不肖④，可以能行焉，及其至也，虽圣人亦有所不能焉。天地之大也，人犹有所憾⑤。故君子语大，天下莫能载焉⑥；语小，天下莫能破焉⑦。

[古注]

郑注："与"读为"赞者皆与"之与，言匹夫匹妇愚耳，亦可以其与有所知，可以其能有所行者。以其知行之极也，圣人有不能如此。舜好察迩言，由此故与？憾，恨也。天地至大，无不覆载，人尚有所恨焉，况于圣人能尽备之乎？

朱注：君子之道，近自夫妇居室之间，远而至于圣人天地之所不能尽，其大无外，其小无内，可谓费矣。然其理之所以然，则隐而莫之见也。盖可知可能者，道中之一事，及其至而圣人不知不能。则举全体而言，圣人固有所不能尽也。侯氏曰："圣人所不知，如孔子问礼问官之类；所不能，如孔子不得位、尧舜病博施之类。"愚谓人所憾于天地，如覆载生成之偏，及寒暑灾祥之不得其正者。

[注释]

①夫妇：普通的男女百姓。此为郑玄之意。朱子认为是夫妇。②与(yù)：参与。③至：极致。④不肖：无才无德之人。⑤憾：遗憾。⑥载：记载，容纳。⑦破：剖析，分析。

[今译]

匹夫匹妇虽然愚昧，于中庸之道也可了解一二；至于其中最为深奥之处，连圣人也会有所不知。匹夫匹妇虽然没有什么才学，但一般浅近之理也是能去实行的；至于其中最为深奥之处，即便圣人也有做不到的。以天地之大，人们对之尚存遗憾，则圣人也绝不可能全知全能。所以，对于君子所持守的中庸之道，说它大，天下没什么东西能装得了；说它小，天下也没有什么东西能够把它剖析得开。

[解说]

唐文治说："所谓'致广大而尽精微'也，即所谓'费而隐'也。"此本朱子之说，以上文"费"为广大之义。

《诗》云："鸢飞戾天，鱼跃于渊①。"言其上下察也②。

[古注]

郑注：察，犹著也。言圣人之德至于天则鸢飞戾天，至于地则鱼跃于渊，是其著明于天地也。

朱注：《诗·大雅·旱麓》之篇。鸢，鸱类。戾，至也。察，著也。子思引此诗以明化育流行，上下昭著，莫非此理之用，所谓费也。然其所以然者，则非见闻所及，所谓隐也。故程子曰："此一节，子思吃紧为人处，活泼泼地，读者其致思焉。"

[注释]

①鸢（yuān）飞戾（lì）天，鱼跃于渊：出自《诗经·大雅·旱麓》篇，《毛诗》小序说此诗为周之先祖世修德业，降福禄于后王。此句意谓鹰击长空，鱼翔深水，形容物性自然，一派祥和之象。鸢，老鹰。戾，至。渊，深渊。②上下察：明察天地。

[今译]

《诗》篇说："老鹰飞上高空，鱼儿跃入深渊。"说的是持守中庸之道的君子能够明察天地化育之理。

[解说]

黄以周说:"引《大雅·旱麓》诗,以物性之得所证其上下之昭著,此君子之极至。……鸢天鱼渊之顺性,由在上之德化所致矣。《潜夫论·德化》篇引此诗而申之曰:'君子修其乐易之德,上及飞鸟,下及渊鱼,无不欢忻说豫。'此古义也。"

唐文治说:"古人引《诗》,皆触类旁通,而不囿于一事,如《论语》子贡引《诗》'如切如磋,如琢如磨',以喻贫而乐道,富而好礼。子夏引《诗》'巧笑倩兮,美目盼兮',而即悟礼后是也。此节言物各循其性之自然,所谓率性之道也。"

君子之道,造端乎夫妇①;及其至也,察乎天地。

[古注]

郑注:夫妇,谓匹夫匹妇之所知所行。

朱注:结上文。

[注释]

①造端:发端,入手。

[今译]

君子的中庸之道,从匹夫匹妇都明白的浅显处入手;但到了隐微精深之处,则能明察天地之理。

[解说]

男女、夫妇之道为人伦礼义之始。《周易·序卦》云:"有天地,然后有万物;有万物,然后有男女;有男女,然后有夫妇;有夫妇,然后有父子;有父子,然后有君臣;有君臣,然后有上下;

有上下，然后礼义有所错。"

唐文治说："《周易》下经首咸、恒。咸、恒者，夫妇之大义也。上经首乾、坤，乾、坤者，天地之大义也。"此仍本朱子夫妇之说而论，语甚精切。

以上第十二章。

子曰："道不远人①。人之为道而远人②，不可以为道。

[古注]

郑注：言道即不远于人，人不能行也。

朱注：道者，率性而已，固众人之所能知能行者也，故常不远于人。若为道者，厌其卑近以为不足为，而反务为高远难行之事，则非所以为道矣。

[注释]

①远：远离。②为：行。

[今译]

孔子说："中庸之道离我们并不远，如果有意行道却使道远离了自己，那他所行的并非中庸之道。

"《诗》云：'伐柯伐柯，其则不远①。'执柯以伐柯②，睨而视之③，犹以为远。故君子以人治人，改而止。

[古注]

郑注：则，法也，言持柯以伐木，将以为柯，近以柯为尺寸之法，此法不远人，人尚远之，明为道不可以远。言人有罪过，君子以人道治之，其人改则止赦之，不责以人所不能。

朱注：《诗·豳风·伐柯》之篇。柯，斧柄。则，法也。睨，邪视也。言人执柯伐木以为柯者，彼柯长短之法，在此柯耳。然犹有彼此之别，故伐者视之犹以为远也。若以人治人，则所以为人之道，各在当人之身，初无彼此之别。故君子之治人也，即以其人之道，还治其人之身。其人能改，即止不治。盖责之以其所能知能行，非欲其远人以为道也。张子所谓"以众人望人则易从"是也。

[注释]

①伐柯伐柯，其则不远：见《诗经·豳风·伐柯》，《毛诗》小序以为周人赞美周公德行之诗。伐，砍伐。柯，斧柄。则，法则，样式。②执：手持。③睨：斜着眼睛看。

[今译]

"《诗》篇里说：'手持斧把砍伐木材以制作斧把，斧把的样式并不遥远呀。'手持着斧把砍斧把，斜着眼睛就看得见样子，（尺寸虽大体有数，但恐仍有细微差别，因此）仍然觉得很遥远。所以君子以其人之道还治其人，（不求全责备，）能改过迁善就行了。

[解说]

郑、朱二注并精。黄以周申说浅显明通，录之如下："《诗》之所谓'不远'者犹远，人之为道未有如此其远也。何也？所执者已成之柯，所伐者未成之柯，虽尺寸略具，而不无长短大小之差，故睨而视之，犹以为远。君子之治人也，即其人之道还治其人，既无彼此之分，且能改即止，又不责以所不能，是未尝远人以为道也。如为道而远人，不可以为道，即不可以为教。"

"忠恕违道不远①,施诸己而不愿②,亦勿施于人。

[古注]

郑注:违,犹去也。

朱注:尽己之心为忠,推己及人为恕。违,去也,如《春秋传》"齐师违穀七里"之违。言自此至彼,相去不远,非背而去之之谓也。道,即其不远人者是也。施诸己而不愿亦勿施于人,忠恕之事也。以己之心度人之心,未尝不同,则道之不远于人者可见。故己之所不欲,则勿以施之于人,亦不远人以为道之事。张子所谓"以爱己之心爱人则尽仁"是也。

[注释]

①忠:尽心尽力。恕:推己及人。违:去,距离。道:指中庸之道。②施:强加。

[今译]

"努力实践忠恕之德,那就离中庸之道不远了。自己不愿意承受的事情,也绝不施加给旁人。

[解说]

尽己之心为忠,推己及人为恕。忠恕之德即《大学》絜矩之道。

"施诸己而不愿,亦勿施于人",即《论语·卫灵公》篇所谓"己所不欲,勿施于人"。

"君子之道四,丘未能一焉:所求乎子,以事父未能也;所求乎臣,以事君未能也;所求乎弟,以事兄未能也;所求乎朋友,先施之未能也。庸德之行①,庸言之谨②,有所不足,不敢不勉,有余不敢尽;言顾行③,行顾言,君子胡不慥慥尔④!"

[古注]

郑注:圣人而曰我未能,明人当勉之无已。庸,犹常也。言德常行也,言常谨也。圣人之行实过于人,有余不敢尽,常为人法,从礼也。君子谓众贤也。慥慥,守实言行相应之貌。

朱注:子、臣、弟、友,四字绝句。求,犹责也。道不远人,凡己之所以责人者,皆道之所当然也,故反之以自责而自修焉。庸,平常也。行者,践其实。谨者,择其可。德不足而勉,则行益力;言有余而讱,则谨益至。谨之至则言顾行矣;行之力则行顾言矣。慥慥,笃实貌。言君子之言行如此,岂不慥慥乎,赞美之也。凡此皆不远人以为道之事。张子所谓"以责人之心责己则尽道"是也。

[注释]

①庸德之行:道德要经常实践。②庸言之谨:说话要经常谨慎。③顾:照顾,顾及。④慥慥(zào zào):踏实自守之貌。

[今译]

"君子之道有四条,可我孔丘一条也没能做到。我要求子女如何尽孝,可自己也没能完全做好;我要求臣子如何尽忠,可自己也没能完全做到;我要求弟弟如何尊敬兄长,可自己也没能完全达到;我要求朋友间如何诚信,可我自己也没能首先这样去对待朋友。道德要常付诸实践,说话要恪守谨慎,做得有不足之处,我不敢不尽力,做得不错的地方,我也不敢认为就完美了。说话要符合实际行动,行动也顾及自己所说的,君子怎么能不踏踏实实呢!"

[解说]

黄以周说:"《韩诗外传》四曰:'有君不能事,有臣欲其忠;有父不能事,有子欲其孝;有兄不能敬,有弟欲其从令。'言能知于人而不能自知也。章句读子、臣、弟、友句,与《韩诗》合。慥之言'戚',自急敕也。"

唐文治说:"慥慥,先师训为戚戚。《论语》曰'学如不及',又曰'子路有闻,未之能行,惟恐有闻',皆敏速之义。虽与朱注不同,而亦足以策学者。"

慥慥之训,郑玄、朱子皆指言行相符、笃实自守之意,黄氏训为"自急敕",似不必。

以上第十三章。

君子素其位而行①,不愿乎其外②。

[古注]

郑注:素读皆为"傃"。不愿乎其外,谓思不出其位也。

朱注:素,犹见在也。言君子但因见在所居之位而为其所当为,无慕乎其外之心也。

[注释]

①素:同"傃",向。②愿:期望。

[今译]

君子守着自己的本分做事,心无旁骛。

[解说]

唐文治说:"《易·艮卦·大象传》曰:'君子思不出其位。'……履卦之初爻曰'素履往无疚',《象传》曰:'素履之往,独行愿也。'素履者,所谓素位而行也。"此《周易》大义之合于《中庸》者。

素富贵,行乎富贵;素贫贱①,行乎贫贱;素夷狄②,行乎夷狄;素患难,行乎患难;君子无入而不自得焉③。

[古注]

郑注:自得,谓所乡不失其道。

朱注:此言素其位而行也。

[注释]

①贫:贫穷。贱:地位低下。②夷狄:泛指四方偏远异族。③入:处于某种境地中。

[今译]

现处富贵之位,就做富贵之人该做的事;现居贫贱之地,就干贫贱之人该干的活;现处夷狄之境,那就做夷狄该做的事;现处患难当中,就做患难中该做的事;君子在任何环境里都能安分自得。

[解说]

此节有乐天知命,无往不自得之意。

在上位不陵下①,在下位不援上②,正己而不求于人③,则无怨。上不怨天,下不尤人。

[古注]

郑注:援,谓牵持之也。无怨人,无怨之者也。《论语》曰:"君子求诸己,小人求诸人。"

朱注:此言不愿乎其外也。

[注释]

①陵:同"凌",凌驾,欺压。②援:攀援,巴结。③正:端正。

[今译]

身在上位不欺压下级,身居下位不奉承上级,端正自我,不乞求旁人,那就无所埋怨了。上不怨恨天命,下不苛责人。

故君子居易以俟命①,小人行险以徼幸②。

[古注]

郑注:易,犹平安也。俟命,听天任命也。险,谓倾危之道。

朱注:易,平地也。居易,素位而行也。俟命,不愿乎外也。徼,求也。幸,谓所不当得而得者。

[注释]

①居易:向位而行,安之若素。俟命:听天由命,指顺应自然。②行险:冒险。徼幸:侥幸。徼,同"侥",求。

[今译]

君子恪守本分,顺应天命。小人铤而走险,争名夺利。

子曰:"射有似乎君子①;失诸正鹄②,反求诸其身③。"

[古注]

郑注:反求于其身,不以怨人,画曰正,栖皮曰鹄。

朱注:画布曰正,栖皮曰鹄,皆侯之中,射之的也。子思引此孔子之言,以结上文之意。

[注释]

①射:射箭,古代有射礼。②失:射不中。正鹄(zhēng gǔ):射侯(箭靶)的中央。侯中有鹄,以兽皮为之;鹄中有正,以彩色布为之。《周礼·天官·司裘》:"王大射,则共虎侯、熊侯、豹侯,设其鹄。"郑玄注引郑司农云:"方十尺曰侯,四尺曰鹄,二尺曰正,四寸曰质。"③反求:反省自身。

[今译]

孔子说:"射箭很类似君子修身自正之功,射不中靶子,回过头来寻求自身原因。"

[解说]

唐文治说:"孟子曰:'射者正己而后发,发而不中,不怨胜己者,反求诸己而已矣。'曰'正己',曰'不怨',皆取本经之义。惟反求诸身,所以能不怨也。"按:孟子语见《公孙丑上》。

以上第十四章。

君子之道,辟如行远必自迩①,辟如登高必自卑②。

[古注]

郑注:自,从也。迩,近也。行之以近者、卑者始,以渐致之高远。

朱注:辟、譬同。

[注释]

①辟如:即"譬如"。自:从,由。迩(ěr):近处。②卑:低处。

[今译]

实践君子之道,好比远行,必是要从近处出发;又如登高,一定要从低处起步。

[解说]

唐文治说:"此以孝道通天下,道必始自家庭之际也。本经下篇云'立天下之大本',郑君彼注云:'大本,孝经也。'……《孝经》首章曰:'夫孝,德之本也,教之所由生也。'《论语》曰:'君子务本,本立而道生。孝弟者,其为仁之本与?'"

《诗》曰①:"妻子好合,如鼓瑟琴;兄弟既翕②,和乐且耽③;宜尔室家,乐尔妻帑④。"

[古注]

郑注:琴瑟,声相应和也。翕,合也。耽亦乐也。古者谓子孙曰帑。此诗言和室家之道自近者始。

朱注:《诗·小雅·常棣》之篇。鼓瑟琴,和也。翕,亦合也。耽,亦乐也。帑,子孙也。

[注释]

①《诗》曰:下引诗句出自《诗经·小雅·常棣》,《毛诗》小序指为兄弟燕乐之诗。②翕(xī):和顺。③耽:《毛诗》作"湛"。《小雅·鹿鸣》"和乐且湛",毛传:"湛,乐之久。"④妻帑(nú),妻子儿女。

[今译]

《诗》篇里说:"和妻儿融洽,好比鼓瑟弹琴。与兄弟和谐,也是无比快乐。照顾好你的家庭,爱护你的妻子儿女。"

子曰:"父母其顺矣乎①!"

[古注]

郑注:谓其教令行,使室家顺。

朱注：夫子诵此诗而赞之曰：人能和于妻子，宜于兄弟如此，则父母其安乐之矣。子思引诗及此语，以明行远自迩、登高自卑之意。

[注释]

①顺：顺心。

[今译]

孔子说："这样的话，父母就顺心了吧！"

[解说]

唐文治说："《孝经》首章曰：'先王有至德要道，以顺天下。'……孟子之赞虞舜曰：'惟顺于父母，可以解忧。'"按：孟子语见《万章上》。

唐文治总结此章说："此章言和顺以孝其亲，以立人伦之本。《孝经》所谓'生则亲安之'是也。下章言祭祀之尽孝，《孝经》所谓'祭则鬼享之'是也，是以'天下和平，灾害不生，祸乱不作'，皆和气之所感召也。又下三章举大舜、文王、武王、周公以为标准，四圣皆大孝人也。自宗庙飨之，推而及于诸侯大夫及士庶人，自继志述事，推而至于郊社之礼，禘尝之义，其端皆自和顺始，所谓行远自迩，登高自卑也。义理文法，特为邃密。"

以上第十五章。

子曰："鬼神之为德，其盛矣乎！

[古注]

朱注：程子曰："鬼神，天地之功用，而造化之迹也。"张子曰："鬼神者，二气之良能也。"愚谓以二气言，则鬼者阴之灵也，神者阳之灵也。以一气言，则至而伸者为神，反而归者为鬼，其实一物而已。为德，犹言性情功效。

[今译]

孔子说："鬼神所蕴含的天地之德，真是广大恢宏啊！"

[解说]

唐文治说："顾氏（译注者按：顾炎武）以此章为祭祀之鬼神，说极明确。惟愚意以为前二节系泛论天神地祇人鬼，至'使天下之人'以下乃专指祭祀之神鬼而言。"

"视之而弗见①，听之而弗闻，体物而不可遗②。

[古注]

郑注：体，犹生也。可，犹所也。不有所遗，言万物无不以鬼神之气生也。

朱注：鬼神无形与声，然物之终始，莫非阴阳合散之所为，是其为物之体，而物所不能遗也。其言体物，犹《易》所谓"干事"。

[注释]

①弗：不。②体：体察，明晓。

[今译]

"虽然看不见，也听不着，但鬼神之德体察万物，无所不在。

"使天下之人齐明盛服①，以承祭祀。洋洋乎②！如在其上，如在其左右。

[古注]

郑注：明，犹洁也。洋洋，人想思其傍僾之貌。

朱注：齐之为言齐也，所以齐不齐而致其齐也。明，犹洁也。洋洋，流动充满之意。能使人畏敬奉承，而发见昭著如此，乃其体物而不可遗之验也。孔子曰："其气发扬于上，为昭明焄蒿凄怆。此百物之精也，神之著也。"正谓此尔。

[注释]

①齐（zhāi）：诚敬。明：明洁。②洋洋：流动充满之貌。

[今译]

"使天下的人们，洁诚斋戒，盛服以奉祭祀。恍惚之间，情意洋溢，如鬼神降临，在人之侧。

[解说]

朱子引孔子之言见《礼记·祭义》。

唐文治说："洋洋，或以为礼乐之美盛，或以为孝子哀慕充满，所谓将至必乐之意，皆可通。"

"《诗》曰①：'神之格思②，不可度思③！矧可射思④！'

[古注]

郑注：格，来也。矧，况也。射，厌也。思皆声之助。言神之来其形象不可亿度，而知事之尽敬而已，况可厌倦乎？

朱注：《诗·大雅·抑》之篇。格，来也。矧，况也。射，厌也，言厌怠而不敬也。思，语辞。

[注释]

①《诗》曰：下引诗句出自《诗经·大雅·抑》，《毛诗》小序认为乃卫武公讽刺周厉王（也有人认为是周平王）并以自警之诗。②格：来。思：语气助词。③度（duó）：猜测。④矧（shěn）：何况。射（yì）：同

"斁",厌倦。

[今译]

"《诗》篇里说:'鬼神降临,不可预测,(亲近犹难,)怎会厌倦呢!

"夫微之显,诚之不可掩如此夫①!"

[古注]

郑注:言神无形而著,不言而诚。

朱注:诚者,真实无妄之谓。阴阳合散,无非实者。故其发见之不可掩如此。

[注释]

①夫(fú):语气词。

[今译]

"鬼神无形而不言,情状微眇而功德昭著,真的可称是精诚无妄,不可遮蔽呀!"

[解说]

唐文治说:"《中庸》之学,以至诚为主。'诚'字始见于此节。惟仁人能以祭祀之诚推而至于行事之诚。"

以上第十六章。

子曰:"舜其大孝也与①!德为圣人,尊为天子,富有四海之内。宗庙飨之②,子孙保之。

[古注]

郑注:保,安也。

朱注:子孙,谓虞思、陈胡公之属。

[注释]

①与（yú）：同"欤"，语气词。②宗庙飨（xiǎng）之：指舜自设祖庙以祭之。

[今译]

孔子说："舜真是大孝啊！有圣人之德，又贵为天子，富有天下。建宗庙以祭飨祖先，保佑子孙。

[解说]

黄以周说："《祭法》有虞氏宗尧，谓宗祀五帝于明堂以尧配飨，此'宗庙飨之'谓舜自飨其宗庙。"

唐文治说："孟子曰：'大孝终身慕父母，五十而慕者，予于大舜见之矣。'又引孔子曰：'舜其至孝矣，五十而慕。'盖孝明德也，明德之后必大昌，天之所以报之也。"按：孟子语见《孟子·万章上》，引孔子语见《孟子·告子下》。

"故大德必得其位，必得其禄，必得其名，必得其寿。

[古注]

郑注：名，令闻也。

朱注：舜年百有十岁。

[今译]

"所以大德之人，必配其位，必得其禄，必享其名，必为高寿。

"故天之生物，必因其材而笃焉①。故栽者培之②，倾者覆之③。

[古注]

郑注：材，谓其质性也。笃，厚也。言善者天厚其福，恶者天厚其毒，皆由其本而为之。栽，读如"文王初载"之"载"，载，犹植也。培，益也。今时人名草木之殖曰栽，筑墙立板亦曰栽。栽，或为兹。覆，败也。

朱注：材，质也。笃，厚也。栽，植也。气至而滋息为培。气反而游散则覆。

[注释]

①笃：增厚。②栽：培植。③覆：败。

[今译]

所以说，天生万物，必因其本质加以巩固。因此，有望成长的就加以栽培，将要倾败的就让他覆灭。

[解说]

黄以周说："古人'栽种'之'栽'用'载'，载有生殖之义。自汉以来，经典通用'栽'字，而载生之义转隐。《说文》：'栽，筑墙长版也。'本无生殖义。故注读'文王初载'之'载'，明古人正音也。载犹殖，谓生殖，或从木作植，非。《释名·释天》：'载，生物也。'《琴赋》'披重壤以诞载兮'注：'载，生也。'是其义。今时人名草木之植曰栽，通时读也。……郑取时读之近者，故从'栽'字。"

"《诗》曰①：'嘉乐君子②，宪宪令德③。宜民宜人④，受禄于天。保佑命之⑤，自天申之⑥。'

[古注]

郑注：宪宪，兴盛之貌。保，安也。佑，助也。

朱注：《诗·大雅·假乐》之篇。假，当依此作"嘉"。宪，当依《诗》作"显"。申，重也。

[注释]

①《诗》曰：下引诗句出自《诗经·大雅·假乐》。《毛诗》小序以为此诗乃嘉美成王之德。②嘉乐：《毛诗》作"假乐"，嘉美，喜欢。《毛传》："假，嘉也。"③宪宪：《毛诗》作"显显"，光明盛大之貌。令德：美德。④民：民众。人：百官。⑤保：安。佑：助。命之：指受天命为天子。⑥申：重，再。

[今译]

"《诗》篇里说：'快乐的君子，美德盛大。官人民姓都能相处得宜，安享上天所赐福禄。平安多助，这是老天给予他的。'

[解说]

黄以周释"宜民宜人"说："民以百姓言，人以百官言。《论语》'修己以安人''修己以安百姓'，与此同。"按：《论语》文见《宪问》。

唐文治说："此诗为颂祝之辞，注重在'宪宪令德''宜民宜人'二句，惟有令德，而后能宜于民人，而后能受禄于天。董子云：'为政而宜于民，固当受禄于天。'此说最精确。"

"故大德者必受命。"

[古注]

朱注：受命者，受天命为天子也。

[今译]

"所以说，有大德的人必能秉承天命。"

[解说]

以上第十七章。

子曰:"无忧者其惟文王乎!以王季为父①,以武王为子,父作之②,子述之③。

[古注]

郑注:圣人以立法度为大事,子能述成之,则何忧乎?尧舜之父,子则有凶顽,禹汤之父,则寡令闻。父子相成,唯有文王。

朱注:此言文王之事。《书》言"王季其勤王家",盖其所作,亦积功累仁之事也。

[注释]

①王季:文王的父亲季历,周太王古公亶父第三子。②作:兴起,开创。③述:绍述,继承。

[今译]

孔子说:"没有忧愁的人,大概只有周文王了吧!他的父亲是王季,儿子是武王,可谓父有开创之功,子有绍述之力。

"武王缵大王、王季、文王之绪①,壹戎衣而有天下②,身不失天下之显名,尊为天子,富有四海之内,宗庙飨之③,子孙保之。

[古注]

郑注:缵,继也。绪,业也。戎,兵也。衣,读如殷,声之误也。齐人言殷声如衣。虞夏商周氏者多矣,今姓有衣者,殷之胄与?壹戎殷者,壹用兵伐殷也。

朱注:此言武王之事。缵,继也。大王,王季之父也。《书》云:"大王肇基王迹。"《诗》云:"至于大王,实始翦商。"绪,业也。戎衣,甲胄之属。壹戎衣,《武成》文,言一著戎衣以伐纣也。

[注释]

①缵（zuǎn）：继承，延续。绪：端绪，指功业。大（tài）王：王季之父古公亶父，周王朝奠基者，后被追封为太王。文王：姬昌，季历之子，为殷之西伯，大得民心。②壹戎衣：用兵消灭殷朝。《尚书·康诰》作"殪戎殷"。"壹"篆体与"殪"古文形近，为其形讹，殪为动词，意为杀死、消灭。戎，兵戎，这里也是动词，用兵之意。衣，甲骨卜辞中"殷"多作"衣"。③宗庙飨之：亦指武王自祭祖宗。

[今译]

"武王继承太王、王季、文王的功烈，用兵消灭殷朝而夺得天下，美名播于天下，贵为天子，富有四海，庙祭祖宗，常保子孙平安。

"武王末受命①，周公成文武之德，追王大王、王季②，上祀先公以天子之礼。斯礼也，达乎诸侯大夫③，及士庶人。父为大夫，子为士，葬以大夫，祭以士。父为士，子为大夫，葬以士，祭以大夫。期之丧达乎大夫，三年之丧达乎天子，父母之丧无贵贱一也。"

[古注]

郑注：末，犹老也。追王大王、王季者，以王迹起焉。先公，组绀以上至后稷也。斯礼达于诸侯大夫士庶人者，谓葬之从死者之爵，祭之用生者之禄也。言大夫葬以大夫，士葬以士。则追王者改葬之矣。期之丧达于大夫者，谓旁亲所降在大功者。其正统之期，天子诸侯犹不降也。大夫所降，天子诸侯绝之，不为服。所不臣，乃服之也。承葬祭说期三年之丧者，明子事父以孝，不用其尊卑变。

朱注：此言周公之事。末，犹老也。追王，盖推文武之意，以及乎王迹之所起也。先公，组绀以上至后稷也。上祀先公以天子之礼，又推大王、王季之意，以及于无穷也。制为礼法，以及天下，使葬用死者之爵，祭用生者之禄。丧服自期以下，诸侯绝，大夫降；而父母之丧，上下同之，推己以及人也。

[注释]

①末：老。旧说一般认为，武王年八十三为诸侯，八十七为天子，故称老。②追王（wàng）：追尊为王。③达：通行。

[今译]

"武王晚年才受天命成为天子，到了周公才算完成文王、武王的德业，追尊太王、王季为王，又用天子礼乐祭祀远祖，并将这种礼典通行于诸侯、大夫、士以及庶民。规定，如果父亲身为大夫，儿子为士，父亲死后，应以大夫礼安葬，以士礼祭祀；如果父亲身为士，儿子为大夫，父亲死后，当以士礼安葬，以大夫礼祭祀。服丧一年之制，通行于大夫、士及庶民（，因为诸侯、天子不为旁亲服丧）。服丧三年之制，从庶民上达天子，因为为父母服丧，不论身份贵贱，服期都一样。"

[解说]

黄以周说："追王三王，据《书·金縢》《礼·大传》，是武王事，此乃属之周公。故注疏以彼为改号，此为改葬。其实文王之王自在追王大王、王季之前。据《大雅·绵》诗，上称古公亶父，下称文王自见。而大王、王季之王，虽在武王之时，其事盖周公实赞成之也。"

《孝经·圣治章》云："昔者周公郊祀后稷以配天，宗祀文王于明堂以配上帝。是以四海之内，各以其职来祭。夫圣人之德，又何以加于孝乎！"

以上第十八章。

子曰："武王、周公，其达孝矣乎①！

[古注]

朱注：达，通也。承上章而言武王、周公之孝，乃天下之人通谓之孝，犹孟子之言"达尊"也。

[注释]

①达：通达，到了极致。

[今译]

孔子说："周武王和周公，对于孝道真是做到了极致呀！

[解说]

顾炎武说："达孝者，达于上下，达于幽明，所谓'孝弟之至，通于神明，光于四海，无所不通'者也。"

唐文治说："达，通也。言通亲之意焉尔。视于无形，听于无声，谓之达孝。变而通之，与时宜之，亦谓之达孝。《易》蛊之初爻曰'干父之蛊，有子考无咎'，《象》曰：'干父之蛊，以承考也。'言通亲之意焉尔。其旨甚微。非穷理尽性者，不足以语此。朱注谓'天下之人通谓之孝'，恐未是。"

"夫孝者，善继人之志①，善述人之事者也②。

[古注]

朱注：上章言武王缵大王、王季、文王之绪以有天下，而周公成文武之德以追崇其先祖，此继志述事之大者也。下文又以其所制祭祀之礼，通于上下者言之。

[**注释**]

①继：传承。②述：绍述。

[**今译**]

"这种孝，在于善承先人遗志，绍述先人的功烈。

[**解说**]

唐文治说："善继善述，所谓达也。文王三分有二，以服事殷，尽臣子之节，是为千古之常经；而武王、周公吊民伐罪，应天顺人，是为天下之通义。是故文王之志与事在于救民，而武王、周公继之述之，文王之志与事在于尊亲，而武王、周公继之述之，不必泥文王之所为，而无非文王之志与事，故谓之'达'，故谓之'善继''善述'。善也者，心理同而行迹异，精神同而事业异也。此之谓大孝也。"

"春秋修其祖庙①，陈其宗器②，设其裳衣③，荐其时食④。

[**古注**]

郑注：修，谓扫粪也。宗器，祭器也。裳衣，先祖之遗衣服也。设之，当以授尸也。时食，四时祭也。

朱注：祖庙：天子七，诸侯五，大夫三，适士二，官师一。宗器，先世所藏之重器，若周之赤刀、大训、天球、河图之属也。裳衣，先祖之遗衣服，祭则设之以授尸也。时食，四时之食，各有其物，如春行羔、豚、膳、膏、香之类是也。

[**注释**]

①春秋：泛指春夏秋冬，因古人特重春、秋二季，故举此以代四时。②陈：陈列。宗器：祭祀的器具。③设：陈设，摆设。裳衣：祖先的衣

服。④荐：供奉。时：四季，时令。

[今译]

"每逢四时节日，整修祖庙，陈列祭器，摆设先人衣裳，供奉时令食物。

[解说]

黄以周说："《公》《穀》注'无牲而祭谓之荐'。天子四祭四荐，诸侯三祭三荐，大夫士再祭再荐。时食谓四时之新食，如荐麦、荐黍及荐韭、荐樱桃之属。《章句》'春行羔豚'云云，乃煎和亵味，非所以享神明者也。"

唐文治说："《礼记·祭义》篇云：'春雨露既濡，君子履之，有怵惕之心，秋霜露既降，君子履之，有凄怆之心。'又曰：'齐之日，思其所乐，思其所嗜，肃然必有闻乎其容声，忾然必有闻乎其叹息之声。盖至设裳衣，荐时食而吾亲之音容如见矣。'"

又按：《孝经·丧亲章》云："为之宗庙以鬼享之，春秋祭祀以时思之。生事爱敬，死事哀戚。"

"宗庙之礼，所以序昭穆也①；序爵②，所以辨贵贱也；序事③，所以辨贤也；旅酬下为上④，所以逮贱也⑤；燕毛⑥，所以序齿也⑦。

[古注]

郑注：序，犹次也。爵，谓公卿大夫士也。事，谓荐羞也，以辨贤者，以其事别所能也，若司徒羞牛，宗伯共鸡牲矣。《文王世子》曰："宗庙之中，以爵为位，崇德也。宗人授事以官，尊贤也。"旅酬下为上者,谓若特牲馈食之礼,宾弟子、兄弟之子各举觯于其长也。逮贱者,宗庙之中以有事为乐也。燕,谓既祭而燕也。燕以发色为坐,祭时尊尊也,至燕亲亲也。齿,亦年也。

朱注:宗庙之次:左为昭,右为穆,而子孙亦以为序。有事于太庙,则子姓、兄弟、群昭、群穆咸在而不失其伦焉。爵,公、侯、卿、大夫也。事,宗祝有司之职事也。旅,众也。酬,导饮也。旅酬之礼,宾弟子、兄弟之子各举觯于其长而众相酬。盖宗庙之中以有事为荣,故逮及贱者,使亦得以申其敬也。燕毛,祭毕而燕,则以毛发之色别长幼,为坐次也。齿,年数也。

[注释]

①序昭穆:这里指排列子孙行礼的次序,并非指庙中太祖与左右子孙灵位的排列顺序(所谓"左昭右穆")。序,序次,排列。②爵:爵位。③事:祭祀时的职事。④旅酬:宾客按照长幼以次劝酒。旅,众。酬,劝酒。下为(wèi)上:以尊者酬卑者。⑤逮贱:祭礼后有燕饮,酬酢之后,尚有无算爵,不论贵贱,所有执事者都参与饮酒,不论爵数,至醉而止,故经文云"逮贱",郑注称"以有事为乐"。逮,及。⑥燕毛:祭毕赐爵之礼,按毛发之色分别长幼排列座次。⑦齿:年齿,岁数。

[今译]

"宗庙祭祀,是用来序列子孙行礼次序的;序次爵位,是用来辨别身份贵贱的;祭礼中各种职事的分配,是用来分别子孙才能的;之后宾客按长幼以次劝酒,是将情意下达地位卑下者;祭毕的燕饮按照发色而定座次,是用来分别年齿长幼的。

[解说]

黄以周释郑玄注说:"凡旅酬,欲神惠均于在堂,故以尊酬卑谓之'下为上'，注欲明'逮贱'之义，遂以无算爵括旅酬中，非谓举觯于其长为'下为上'也。无算爵时神惠均于在庭，执事者得与饮酒，不执事者不与，故以有事为荣。有事谓助祭之群有司，亦非以举觯为有事也。"

"践其位①，行其礼，奏其乐，敬其所尊②，爱其所亲③，事死如事生④，事亡如事存⑤，孝之至也。

[古注]

郑注：践，犹升也。其者，其先祖也。践，或为"缵"。

朱注：践，犹履也。其，指先王也。所尊、所亲，先王之祖考、子孙臣庶也。始死谓之死，既葬则曰反而亡焉，皆指先王也。此结上文两节，皆继志、述事之意也。

[注释]

①践其位：孝子登先祖之位。践，继，登。②所尊：先王的远祖，或即祖庙。③所亲：先王的子民。④死：刚死去。⑤亡：下葬后。

[今译]

"孝子登先祖之位，迎神献祭，演奏乐舞，礼敬远祖，亲爱子民，先王虽死，事之如生，先王虽亡，奉之若存，这就是大孝了。

[解说]

黄以周说："奏乐有二时，一在降神前，一在荐献后，所尊谓祖庙，所亲谓子姓。"

"郊社之礼①,所以事上帝也②;宗庙之礼,所以祀乎其先也③。明乎郊社之礼、禘尝之义④,治国其如示诸掌乎⑤。"

[古注]

郑注:社,祭地神。不言后土者,省文。示读如"寘诸河干"之"寘"。寘,置也。物而在掌中易为知力者也。序爵辨贤,尊尊亲亲,治国之要。

朱注:郊,祀天。社,祭地。不言后土者,省文也。禘,天子宗庙之大祭,追祭太祖之所自出于太庙,而以太祖配之也。尝,秋祭也。四时皆祭,举其一耳。礼必有义,对举之,互文也。示,与"视"同。视诸掌,言易见也。此与《论语》文意大同小异,记有详略耳。

[注释]

①郊:祭天。社:祭地。②事:事奉。③先:先祖。④禘(dì)尝:依朱子注,禘为宗庙大祭先祖,尝为四时祭。黄以周说:"禘尝谓大禘尝,非时祭也。大尝即祫祭。"以禘尝指宗庙大祭先祖与合祭群庙,今从黄说。⑤其:语气词。示(zhì)诸掌:犹言"了如指掌",把事情放在手掌中,一目了然。示,依郑玄注,当作"置"解,放置之意。

[今译]

"祭祀天地,是事奉上帝的;宗庙之礼,是祭祀祖先的。明白了祭祀天地之礼与宗庙祭祖之义,治国之道就如同将天下摆在手掌心一样易于领悟。"

[解说]

禘尝郊社之义,礼书论之甚详。

《礼记·祭统》云:"凡祭有四时,春祭曰礿,夏祭曰禘,秋祭曰尝,冬祭曰烝。礿禘,阳义也。尝烝,阴义也。禘者阳之盛也，尝者阴之盛也。故曰莫重于禘、尝。古者于禘也发爵赐服，顺阳义也；于尝也出田邑，发秋政，顺阴义也。……故曰：禘、尝之义大矣。治国之本也，不可不知也。明其义者君也，能其事者臣也。不明其义，君人不全；不能其事，为臣不全。"此以禘尝为四时祭名，下本经或不同。

《礼记·仲尼燕居》子曰："郊社之义，所以仁鬼神也；尝禘之礼，所以仁昭穆也。馈奠之礼，所以仁死丧也；射乡之礼，所以仁乡党也；食飨之礼，所以仁宾客也。"又曰："明乎郊社之义、尝禘之礼，治国其如指诸掌而已乎！"

唐文治说："《礼记》曰：'惟仁人为能飨帝，孝子为能飨亲。'明乎郊社之礼，禘尝之义，仁孝之至也。因仁孝而推之，《孟子》所谓'老吾老以及人之老，幼吾幼以及人之幼，天下可运于掌'是也。'君子务本'，故治天下必自仁孝始。"按：《礼记》语见《祭义》，"仁人"原作"圣人"。孟子语见《梁惠王上》。

以上第十九章。

哀公问政①。

[古注]

朱注：哀公，鲁君，名蒋。

[注释]

①哀公：鲁国国君，姬姓，名蒋，定公之子，悼公之父，公元前494年~公元前468年在位，"哀"为谥号。政：政治。这里指治国之道。

[今译]

鲁哀公向孔子询问治国之道。

子曰:"文武之政①,布在方策②。其人存,则其政举③;其人亡④,则其政息⑤。

[古注]

郑注:方,版也。策,简也。息,犹灭也。

朱注:方,版也。策,简也。息,犹灭也。有是君,有是臣,则有是政矣。

[注释]

①政:政法。②布:刊布。方策:竹板简册。《仪礼·聘礼》:"百名以上书于策,不及百名书于方。"③举:实现,推行。④亡:亡故,逝去。⑤息:消歇,废止。

[今译]

孔子说:"周文王、周武王的为政之道,都明白地刊布在简册之上。若有圣贤在世,政法就能实现;圣贤逝去,政法也就废止了。

"人道敏政①,地道敏树。夫政也者②,蒲卢也③。

[古注]

郑注:敏犹勉也。树谓殖草木也。人之无政,若地无草木矣。敏,或为"谋"。蒲卢,螺蠃,谓土蜂也。《诗》曰"螟蛉有子,螺蠃负之"。螟蛉,桑虫也。蒲卢取桑虫之子去而变化之,以成为己子,政之于百姓,若蒲卢之于桑虫然。

朱注:敏,速也。蒲卢,沈括以为蒲苇是也。以人立政,犹以地种树,其成速矣,而蒲苇又易生之物,其成尤速也。言人存政举,其易如此。

[注释]

①敏:快速。政:政事。②夫(fú):代词。③蒲卢:郑玄认为是一种细腰土蜂,沈括、朱熹认为是蒲苇,未知谁是。译文从朱子《集注》之说,详下解说。

[今译]

"人可以做到迅速推行政法,地可以做到迅速生长草木。这国政就如蒲苇,得地力即可速生(,有了人才就能出成效)。

[解说]

郑玄以蒲卢(蜾蠃)取桑虫之子以为己子,旧说"七日而化"(《毛诗·小雅·小宛》孔颖达疏引陆机说),似比喻为政者对百姓的教化。黄以周主此说,认为:"蒲卢喻其速。瓠苇之生皆积月累时,果蠃之化不过七日,与引譬之意为合。"

朱熹则以立政犹种树为说,强调人才对于政治兴盛的重要。

以上二说不同。结合经文以"人道""地道"为喻,蒲苇之说似更合理。

"故为政在人,取人以身①,修身以道,修道以仁。

[古注]

郑注:在于得贤人也。取人以身,言明君乃能得人。

朱注:此承上文人道敏政而言也。为政在人,《家语》作"为政在于得人",语意尤备。人,谓贤臣。身,指君身。道者,天下之达道。仁者,天地生物之心,而人得以生者,所谓"元者善之长也"。言人君为政在于得人，而取人之则又在修身。能修其身，则有君有臣，而政无不举矣。

[注释]

①以身：靠自身，指以身作则。

[今译]

"故治国之道，在能获得人才；要得贤人，必须以身作则；修养自身，又要以道德自律；涵养道德，又必须以仁爱为本。

"仁者人也，亲亲为大①；义者宜也②，尊贤为大③；亲亲之杀④，尊贤之等，礼所生也。

[古注]

郑注：人也，读如相人偶之人，以人意相存问之言。

朱注：人，指人身而言。具此生理，自然便有恻怛慈爱之意，深体味之可见。宜者，分别事理，各有所宜也。礼，则节文斯二者而已。

[注释]

①亲亲：爱亲之意，前一个亲是动词，后一个亲是名词。②宜：适宜。③尊贤：尊重贤才。④杀（shài）：等差。

[今译]

"所谓仁，就是爱人，爱亲人最为首要。所谓义，就是合宜，尊贤最为重要。爱亲之情有亲疏之异，尊贤之意有尊卑之别，体现这种等差关系的礼从而就产生了。

[解说]

《孟子·尽心下》说："仁也者，人也。"

唐文治说："杀与等，皆等差也。所谓理一而分殊也。《大学》

言：'自天子以至于庶人，壹是皆以修身为本。'又云：'其本乱而末治者否矣，其所厚者薄而其所薄者厚，未之有也。'盖本末明而等差判，等差判而厚薄分，天理之自然也。墨氏知理一而不知分殊，昧于等差，而本末厚薄之间，乃有时而倒置，失人道之中庸也。"

"在下位，不获乎上，民不可得而治矣。

[古注]

郑注：此句其属在下，著脱误重在此。

朱注：郑氏曰："此句在下，误重在此。"

[今译]

"臣子如果不能获得国君信任，就不可能治理好百姓。

[解说]

郑玄和朱熹都认为这一句是后文，误重在此。

"故君子不可以不修身；思修身，不可以不事亲①；思事亲，不可以不知人；思知人，不可以不知天。

[古注]

郑注：言修身乃知孝，知孝乃知人，知人乃知贤不肖，知贤不肖，乃知天命所保佑。

朱注：为政在人，取人以身，故不可以不修身。修身以道，修道以仁，故思修身不可以不事亲。欲尽亲亲之仁，必由尊贤之义，故又当知人。亲亲之杀，尊贤之等，皆天理也，故又当知天。

[注释]

①事：侍奉。

[今译]

"所以君子不可以不修身。有志修身，不可不侍奉好双亲；想要侍奉好双亲，不可不明人事之贤愚；想要明晓人事，不可不明天理。

[解说]

唐文治说："孟子曰'知其性则知天矣'，然则知人者，盖能尽其性以尽人之性。夫然后悟化育之功，而可以知天。"按：孟子语见《尽心上》。

"天下之达道五①，所以行之者三。曰君臣也，父子也，夫妇也，昆弟也②，朋友之交也，五者天下之达道也。知、仁、勇三者③，天下之达德也，所以行之者一也④。

[古注]

郑注：达者，常行百王所不变也。

朱注：达道者，天下古今所共由之路，即《书》所谓"五典"，孟子所谓"父子有亲、君臣有义、夫妇有别、长幼有序、朋友有信"是也。知，所以知此也；仁，所以体此也；勇，所以强此也；谓之达德者，天下古今所同得之理也。一则诚而已矣。达道虽人所共由，然无是三德，则无以行之；达德虽人所同得，然一有不诚，则人欲间之，而德非其德矣。程子曰："所谓诚者，止是诚实此三者。三者之外，更别无诚。"

[注释]

①达道：不变的大道。②昆弟：一般指同父兄弟，和族亲兄弟不同。昆，兄。③知：同"智"，智慧。④一：朱子解释为"诚"，理解为行三

德的要求。今从之。

[今译]

"天下人道之大者有五条,实践这五道的具体品德有三种。前者指君臣、父子、夫妇、兄弟、朋友五种伦常之道。所谓智、仁、勇,就是实践这五伦的达德,要想做好必须落实到内心的诚。

[解说]

《史记·平津侯主父列传》:"智、仁、勇,此三者,天下之通德,所以行之者也。"《汉书·公孙弘传》:"仁、知、勇三者,所以行之也。"清儒王念孙据此认为,汉人经本无"一"字,加之经文前面已明说"所以行之者三",因此末句不应再有"一"字。

按:《法言·孝至篇》:"天下通道五,所以行之一。"或即用《中庸》此文,黄以周据此认为扬雄所见本有"一"字。今从黄说,保留"一"字。

《论语·子罕》子曰:"知者不惑,仁者不忧,勇者不惧。"

唐文治说:"孟子曰:'人之有道也,饱食暖衣,逸居而无教,则近于禽兽。圣人有忧之,使契为司徒,教以人伦,父子有亲,君臣有义,夫妇有别,长幼有叙,朋友有信。'亲也,义也,别也,序也,信也,皆所谓道也。"按:孟子语见《孟子·滕文公上》。

"或生而知之,或学而知之,或困而知之①,及其知之一也;或安而行之②,或利而行之③,或勉强而行之④,及其成功一也。"

[古注]

郑注:困而知之,谓长而见礼义之事,己临之而有不足,乃始学而知之,此达道也。利,谓贪荣名也。勉强,耻不若人。

朱注:知之者之所知,行之者之所行,谓达道也。以其分而言:则所以知者知也,所以行者仁也,所以至于知之成功而一者勇也。以其等而言:则生知安行者知也,学知利行者仁也,困知勉行者勇也。盖人性虽无不善,而气禀有不同者,故闻道有蚤莫,行道有难易,然能自强不息,则其至一也。吕氏曰:"所入之涂虽异,而所至之域则同,此所以为中庸。若乃企生知安行之资为不可几及,轻困知勉行谓不能有成,此道之所以不明不行也。"

[注释]

①困:困惑,苦恼。②安:从容自然。③利:为了利益。④勉强:发奋勉力,郑玄说"耻不若人",朱熹说"困知勉行",皆通。

[今译]

"五道三德的道理,有的人生来就懂,有的人学习了才明白,有的人经历了困苦才懂得,等他们都知晓了,却是一样的效果。(从实践角度来说,)有的人自然会做,有的人因利而行,有的人知耻而为,等他们都做到了,效果也是一样的。"

[解说]

黄以周说:"'生而知之'者,知之至也。'学而知之'者,所谓'好学近乎知'者也。'安而行之'者,仁之至也。'利而行之'者,所谓'力行近乎仁'者也。好学、力行,亦勇之至。困知、勉行者,注谓能'耻不若人',斯其为'知耻近乎勇'者乎?下即接以故曰好学、力行、知耻之三近,是其文义之相承也。自魏晋间'故曰'误作'子曰',王肃《家语》改窜其文,为一问一答,遂致一气之文,使之阂隔。兹依《史·平津侯传》《汉·公孙弘传》订正。"

唐文治说:"学问之道,知、行而已,即知即行,随知随行,进德造道之初基也。朱子主先知后行,王阳明先生主知行合一,皆有功于斯道。然世多知而不行者,则阳明之说为尤要矣。"

子曰:"好学近乎知①,力行近乎仁②,知耻近乎勇③。

[古注]

朱子:"子曰"二字衍文。此言未及乎达德而求以入德之事。通上文三知为知,三行为仁,则此三近者,勇之次也。吕氏曰:"愚者自是而不求,自私者殉人欲而忘反,懦者甘为人下而不辞。故好学非知,然足以破愚;力行非仁,然足以忘私;知耻非勇,然足以起懦。"

[注释]

①知:同"智"。②力行:勉力实践。③耻:羞耻。

[今译]

孔子说:"喜欢学习就接近智了,勉力实践就接近仁了,懂得羞耻就接近勇了。

[解说]

唐文治引《孟子》以证,一曰:"学不厌,智也。"又曰:"人不可以无耻。"前者为《公孙丑上》述子贡语,后者出《尽心上》。

朱子认为"子曰"二字是衍文。黄以周认为"子曰"当为"故曰"之讹,盖据清儒翟灏《四书考异》,其说见上。

今仍保留原貌,不改经文,而记异说于此。

"知斯三者，则知所以修身；知所以修身，则知所以治人；知所以治人，则知所以治天下国家矣。"

[古注]

郑注：言有知、有仁、有勇，乃知修身，则修身以此三者为基。

朱注：斯三者，指三近而言。人者，对己之称。天下国家，则尽乎人矣。言此以结上文修身之意，起下文九经之端也。

[今译]

"理解这三项的人，就懂得如何修身了；懂得如何修身，就知道如何对待民众了；知道如何对待民众，就明白如何治理天下国家了。"

[解说]

《论语·子路》篇子曰："苟正其身矣，于从政乎何有？不能正其身，如正人何？"

凡为天下国家有九经①，曰：修身也，尊贤也，亲亲也，敬大臣也，体群臣也②，子庶民也③，来百工也④，柔远人也⑤，怀诸侯也⑥。

[古注]

郑注：体，犹接纳也。子，犹爱也。远人，蕃国之诸侯也。

朱注：经，常也。体，谓设以身处其地而察其心也。子，如父母之爱其子也。柔远人，所谓无忘宾旅者也。此列九经之目也。吕氏曰："天下国家之本在身，故修身为九经之本。然必亲师取友，然后修身之道进，故尊贤次之。道之所进，莫先其家，故亲亲次之。由家以及朝廷，故敬大臣、体群臣次之。由朝廷以及其国，故子庶民、来百工次之。由其国以及天下，故柔远人、怀诸侯次之。此九经之序也。"视群臣犹吾四体，视百姓犹吾子，此视臣视民之别也。

[注释]

①经：纲目，要领。②体：体恤，包容。③子：关心，爱护。④来（lài）：同"徕"。招徕，劝勉。百工：指各行手工业者。⑤柔：怀柔，优待。远人：远方邦国。黄以周认为是商贾行旅，商贾也可能包含异邦远人，可备一说。⑥怀：安抚。

[今译]

治理天下国家有九个总纲，就是：修养自我，尊重贤才，亲爱亲人，尊敬重臣，包容群臣，慈爱百姓，吸引百工，优待远人，安抚诸侯。

[解说]

唐文治说："修身以仁义为本，尊贤，义也。亲亲，仁也。孟子曰：'尧舜之仁，不偏爱人，急亲贤也。'是亲贤又义中之仁也。孟子曰：'汤之于伊尹，学焉而后臣之，故不劳而王。桓公于管仲，学焉而后臣之，故不劳而霸。'……《周官·考工记》曰：'国有六职，百工居一。'"按：所引孟子前语见《尽心上》，后语见《公孙丑下》。

修身则道立，尊贤则不惑，亲亲则诸父昆弟不怨①，敬大臣则不眩②，体群臣则士之报礼重③，子庶民则百姓劝，来百工则财用足，柔远人则四方归之，怀诸侯则天下畏之。

[古注]

郑注：不惑，谋者良也。不眩，所任明也。

朱注：此言九经之效也。道立，谓道成于己而可为民表，所谓"皇建其有极"是也。不惑，谓不疑于理。不眩，谓不迷于事。敬大臣则信任专,而小臣不得以间之,故临事而不眩也。来百工则通功易事,农末相资,故财用足。柔远人,则天下之旅皆悦而愿出于其涂,故四方归。怀诸侯,则德之所施者博,而威之所制者广矣,故曰天下畏之。

[注释]

①诸父:伯父,叔父。②眩:迷惑,错乱。③报:回报。

[今译]

修身可以明道,尊贤则不会迷惑。亲爱至亲,则伯叔、兄弟不会有怨恨之情。尊敬大臣,则做事不至于迷乱。体恤包容群臣,士大夫们将会涌泉以报。慈爱平民,百姓将勤勉互劝。招徕各种工匠,财用自然会充足。优待异邦远人,四方族裔就会闻风归顺。安抚好各国诸侯,天下之人无不畏服。

[解说]

唐文治说:"'报礼',《诗》所谓'无德不报'是也。孟子曰:'君之视臣如手足,则臣视君如腹心;君之视臣如犬马,则臣视君如国人;君之视臣如土芥,则臣视君如寇仇。'皆所谓报也。"按:所引《诗》见《大雅·抑》,引孟子语见《离娄下》。

齐明盛服①,非礼不动,所以修身也;去谗远色②,贱货而贵德③,所以劝贤也④;尊其位,重其禄,同其好恶⑤,所以劝亲亲也;官盛任使⑥,所以劝大臣也;忠信重禄,所以劝士也;时使薄敛⑦,所以劝百姓也;日省月试⑧,既禀称事⑨,所以劝百工也;送往迎来⑩,嘉善而矜不能⑪,所以柔远人也;继绝世⑫,举废国⑬,治乱持危⑭,朝聘以时⑮,厚往而薄来⑯,所以怀诸侯也。

[古注]

郑注:同其好恶,不特有所好恶,于同姓所恩不同,义必同也。尊重其禄位，所以贵之，不必授以官守。天官不可私也。官盛任使，大臣皆有属官所任使，不亲小事也。忠信重禄，有忠信者重其禄也。时使，使之以时。日省月试，考校其成功也。既，读为"饩"。饩，廪稍食也。稿人职曰："乘其事，考其弓弩，以下上其食。"

朱注：此言九经之事也。官盛任使，谓官属众盛，足任使令也，盖大臣不当亲细事，故所以优之者如此。忠信重禄，谓待之诚而养之厚，盖以身体之，而知其所赖乎上者如此也。既，读曰"饩"。饩廪，稍食也。称事，如《周礼》稿人职曰"考其弓弩，以上下其食"是也。往则为之授节以送之，来则丰其委积以迎之。朝，谓诸侯见于天子。聘，谓诸侯使大夫来献。《王制》"比年一小聘，三年一大聘，五年一朝"。厚往薄来，谓燕赐厚而纳贡薄。

[注释]

①齐（zhāi）明盛服：内心精诚，外着礼服。②去谗远色：摒弃谗言，远离女色。③贱货而贵德：轻视财物，重视道德。④劝贤：劝勉贤才。⑤好（hào）恶（wù）：喜欢的和讨厌的。⑥官盛任使：属官众多，听任差遣。⑦时使薄敛：适时役使百姓，减轻赋税。时，适时，指不违农时。薄，减轻。⑧日省月试：按日、按月考察和评试。⑨既禀称事：资粮俸禄与实际工效相称。既，通"饩（xì）"，粮米。禀，《说文解字》："禀，赐谷也。"指每月的稍食俸禄。称，符合。事，工效。⑩送往迎来：对远方商旅人员的迎送。《周礼·夏官·怀方氏》："掌来远方之民，致方贡，致远物，而送逆之，达之以节，治其委积、馆舍、饮食。"朱子《章句》"往则为之授节以送之，来则丰其委积以迎之"，即据《周礼》之文。⑪嘉：嘉奖。矜（jīn）：同情。⑫继绝世：为世系已绝的世家别立其后。⑬举废国：为已经灭亡的国家复立君主。⑭治乱持危：治理乱局，

扶持危弱。⑮朝聘以时：按时举行朝聘天子之礼，旧说三年一聘，五年一朝。朝，诸侯朝见天子称朝，《周礼·春官·大宗伯》"以宾礼亲邦国，春见曰朝"；又诸侯会见也可称朝，《周礼·秋官·大行人》"凡诸侯之邦交，岁相问也，殷相聘也，世相朝也"，《左传》成公十二年"诸侯间（闲）于天子之事，则相朝也"，《公羊传》桓公九年、《穀梁传》僖公五年"诸侯相见曰朝"。这里指诸侯朝天子。聘，诸侯派遣使臣问天子称聘，诸侯见诸侯及天子遣使至侯国亦得称聘。这里指诸侯聘问天子。⑯厚往而薄来：诸侯回国，厚礼赠送；诸侯来朝，薄收贡物。

[今译]

洁诚以着盛装，非礼不动，这样可以修身立德。摒弃谗言，远离女色，轻财货，重道德，这样可以劝勉贤才；提升亲人的爵位，加厚俸禄，统一大家的好恶观念，这样可以劝勉他们互相亲爱；属官众多，足供任使，这样可以奖劝大臣；忠信之人以厚禄待之，这样可以劝勉士人；征役有定时，赋税不滥收，这样可以慰勉百姓。每天每月按时考评，务使薪劳对等，这样可以奖劝工匠；送往迎来，嘉奖良善而体恤无力者，这样可以怀柔异邦之人；延续绝嗣的诸侯，振兴废亡的小国，为之平乱扶危，使诸侯按时朝聘，回国时赏赐丰厚，来朝时贡礼薄收，这样可以安抚诸侯。

[解说]

唐文治说："古者官有试，士有试，而不知百工亦有省而有试。《周官》不曰纪工、劝工，而曰'考工'，其义可见。"

凡为天下国家有九经①，所以行之者一也②。

[古注]

郑注：一，谓当豫也。

朱注：一者，诚也。一有不诚，则是九者皆为虚文矣，此九经之实也。

[注释]

①经：常道。②一：郑玄认为即下文的"豫"，朱子与前解相同，仍然释作"诚"。黄以周认为即上文的知、仁、勇。今从朱子说。

[今译]

大凡治国之道，不离上面九条总纲，如何去实行还是要落实到内心的诚。

凡事豫则立①，**不豫则废。言前定则不跲**②，**事前定则不困**③，**行前定则不疚**④，**道前定则不穷**⑤。

[古注]

郑注：跲，踬也。疚，病也。人不能病之。

朱注：凡事，指达道、达德、九经之属。豫，素定也。跲，踬也。疚，病也。此承上文，言凡事皆欲先立乎诚，如下文所推是也。

[注释]

①豫：预备。立：成功。②跲（jiá）：绊倒，这里指说话滞涩不流畅。③困：陷入困境。④疚：出毛病。⑤穷：走不通。

[今译]

凡事预先准备就能办好，没有准备就办不成。讲话提前想好就不会颠倒不清，做事先有规划方能从容不迫，行动先有计划才不会出毛病，立身之道选定了就不会穷途末路。

[解说]

朱子"凡事皆欲先立乎诚"之语精警，与上释"所以行之者一也"为诚一以贯之。黄以周说:"豫者,所以诚之也。"实本朱子。

唐文治说:"《易·豫卦·大象传》'雷出地奋'为豫,是凡事之豫备,必须如雷之奋迅而出,乃克有济。后人不察此义,以因循迁缓为务,今日言豫备,明日言豫备,今岁言豫备,明岁言豫备,甚至经画一事,阅数年而尚未能实行者,是需也,非豫也。豫者事之基,需者事之贼也。"

在下位不获乎上①,民不可得而治矣。获乎上有道②:不信乎朋友,不获乎上矣。信乎朋友有道:不顺乎亲,不信乎朋友矣。顺乎亲有道:反诸身不诚③,不顺乎亲矣。诚身有道:不明乎善,不诚乎身矣。

[古注]

郑注:获,得也。言臣不得于君,则不得居位治民。言知善之为善,乃能行诚。

朱注:此又以在下位者,推言素定之意。反诸身不诚,谓反求诸身而所存所发,未能真实而无妄也。不明乎善,谓未能察于人心天命之本然,而真知至善之所在也。

[注释]

①获:获得信任。②道:原则,方法。③诚:赤诚。

[今译]

臣子如果不能获得国君信任,就不可能治理好百姓。取得国君信任是有方法的,如果不能取信于朋友,就不可能取得国君的信任。取信于朋友也有一定的原则，不能让父母顺心，那就谈不上取信于朋友了。让父母顺心也有一定的原则，如果自己没有做到至诚，那就不可能让父母顺心。做到心念赤诚也有一定的方法，如果不明白什么是至善，那就谈不上诚实自身了。

[解说]

唐文治说："《易传》曰'人之所助者信也'。《论语》曰'民无信不立'。……曾子曰'亲戚不悦，不敢外交'。"按：所引《论语》言见《颜渊》篇，曾子言见《大戴礼记·曾子疾病》。

诚者，天之道也；诚之者①，人之道也。诚者不勉而中②，不思而得，从容中道，圣人也。诚之者，择善而固执之者也③。

[古注]

郑注：言诚者天性也。诚之者，学而诚之者也。因诚身说有大至诚。

朱注：此承上文诚身而言。诚者，真实无妄之谓，天理之本然也。诚之者，未能真实无妄，而欲其真实无妄之谓，人事之当然也。圣人之德，浑然天理，真实无妄，不待思勉而从容中道，则亦天之道也。未至于圣，则不能无人欲之私，而其为德不能皆实。故未能不思而得，则必择善，然后可以明善；未能不勉而中，则必固执，然后可以诚身，此则所谓人之道也。不思而得，生知也。不勉而中，安行也。择善，学知以下之事。固执，利行以下之事也。

[注释]

①诚之：使自己心诚。②勉：勉强。中（zhòng）：合于中道。③固执：牢固持守。

[今译]

诚合于天道,学习诚,是为人之道。天生至诚的人,不用勉强而处事合理,不假思索而言行得当,自然从容地合于中庸之道,这是圣人啊!至于一般学习诚的人,乃是择定善行坚持实践的人。

[解说]

唐文治说:"圣门之学,诚而已矣。立诚之旨,发自孔子,子思子更详言之。"

博学之,审问之①,慎思之,明辨之,笃行之②。

[古注]

朱注:此诚之之目也。学、问、思、辨,所以择善而为知,学而知也。笃行,所以固执而为仁,利而行也。程子曰:"五者废其一,非学也。"

[注释]

①审:精细。②笃:笃实。

[今译]

因此要广博地学习,精细地研究,审慎地思考,明晰地分辨,笃实地履行。

有弗学①,学之弗能弗措也②;有弗问,问之弗知弗措也;有弗思,思之弗得弗措也;有弗辨,辨之弗明弗措也;有弗行,行之弗笃弗措也。人一能之己百之③,人十能之己千之。

[古注]

朱注:君子之学,不为则已,为则必要其成,故常百倍其功。此困而知、勉而行者也，勇之事也。

[注释]

①弗：不。②能：掌握。措：放下。③一：一次。百：一百次。

[今译]

不学则已，学了没掌握就不放下；不问则已，问了还不明白就不放弃；不思则已，思考而无所得就不丢下；不辨则已，辨而不明就不放弃；事情不做则已，做了没做踏实就不放手。别人一次能做到的，我就做一百次；别人十次能做到的，我就做一千次。

果能此道矣①**，虽愚必明，虽柔必强。**

[古注]

郑注：此劝人学诚其身也。果，犹决也。

朱注：明者，择善之功；强者，固执之效。吕氏曰："君子所以学者，为能变化气质而已。德胜气质，则愚者可进于明，柔者可进于强。不能胜之，则虽有志于学，亦愚不能明，柔不能立而已矣。盖均善而无恶者，性也，人所同也；昏明强弱之禀不齐者，才也，人所异也。诚之者，所以反其同而变其异也。夫以不美之质，求变而美，非百倍其功，不足以致之。今以卤莽灭裂之学，或作或辍，以变其不美之质，及不能变，则曰天质不美，非学所能变。是果于自弃，其为不仁甚矣！"

[注释]

①果：郑注解作"决"，决定，下决心。

[今译]

一旦决心这样去做，即便愚蠢的人也一定会变得聪明，柔弱的人也一定会变得刚强。

［解说］

以上第二十章。

自诚明①，谓之性；自明诚②，谓之教。诚则明矣，明则诚矣。

［古注］

郑注：自，由也。由至诚而有明德，是圣人之性者也。由明德而有至诚，是贤人学以知之也。有至诚则必有明德，有明德则必有至诚。

朱注：自，由也。德无不实而明无不照者，圣人之德。所性而有者也，天道也。先明乎善，而后能实其善者，贤人之学。由教而入者也，人道也。诚则无不明矣，明则可以至于诚矣。

［注释］

①自诚明：由至诚而明德。②自明诚：由明德达至诚。

［今译］

由天赋至诚而明德，这是圣人本性所致；由明德而达至诚之境，这是贤人自我教化之力。至诚可以明德，明德也能达于至诚。

［解说］

以上第二十一章。

唯天下至诚，为能尽其性①；能尽其性，则能尽人之性；能尽人之性，则能尽物之性；能尽物之性，则可以赞天地之化育②；可以赞天地之化育，则可以与天地参矣③。

［古注］

郑注：尽性者，谓顺理之使不失其所也。赞，助也。育，生也。助天地之化生，谓圣人受命在王位，致大平。

朱注：天下至诚，谓圣人之德之实，天下莫能加也。尽其性者德无不实，故无人欲之私，而天命之在我者，察之由之，巨细精粗，无毫发之不尽也。人物之性，亦我之性，但以所赋形气不同而有异耳。能尽之者，谓知之无不明而处之无不当也。赞，犹助也。与天地参，谓与天地并立为三也。此自诚而明者之事也。

[注释]

①尽其性：发扬自己的本性。②赞：辅助。化育：变化和生育。③参（sān）：并列为三。

[今译]

唯有天下至诚的圣人，才能充分发扬本性；能充分发扬本性，就能充分激励发挥他人的本性；能够充分激发他人的本性，就能够深入体察万物的本性；能够充分体察万物的本性，就能辅助天地化育万物；能够辅助天地化育万物，也就可以与天地并立为三了。

[解说]

唐文治说："《易传》曰：'与天地合其德。'《礼运》曰：'人者，天地之心也。'"

以上第二十二章。

其次致曲①，曲能有诚，诚则形，形则著②，著则明，明则动，动则变，变则化，唯天下至诚为能化。

[古注]

郑注：其次，谓自明诚者也。致，至也。曲，犹小小之事也。不能尽性，而有至诚于有义焉而已。形，谓人见其功也。尽性之诚，人不能见也。著，形之大者也。明，著之显者也。动，动人心也。变，改恶为善也。变之久则化而性善也。

朱注：其次，通大贤以下凡诚有未至者而言也。致，推致也。曲，一偏也。形者，积中而发外。著，则又加显矣。明，则又有光辉发越之盛也。动者，诚能动物。变者，物从而变。化，则有不知其所以然者。盖人之性无不同，而气则有异，故惟圣人能举其性之全体而尽之。其次则必自其善端发见之偏，而悉推致之，以各造其极也。曲无不致，则德无不实，而形、著、动、变之功自不能已。积而至于能化，则其至诚之妙，亦不异于圣人矣。

[注释]

①其次：次于圣人的贤人。致曲：有二解，一是推比委曲繁复之理，二是就人性之某一善端加以扩充。译文取后说。②著：昭著。

[今译]

那些次于圣人的贤人，能够扩充自己的性情，如此也能做到赤诚。心诚就会有所表露，有所表露就会日益显著，日益显著就会更加彰明，彰明昭著后就能感动人心，感动人心才能让人改过迁善，唯有天下至诚之人才能完成这种教化。

[解说]

唐文治说："曲字有二义，或云即曲礼威仪三千，委曲繁重，致而行之，则渐能有成也。或云'曲'者性情之一偏，'致'者扩而充之之义，如恻隐、羞恶、辞让、是非四端之发见，扩充之以至于极，自然有成。二者以后说为长。又推而言之，如伯夷之清，柳下惠之和，皆所谓曲也，皆能有成者也。"

以上第二十三章。

至诚之道,可以前知①。国家将兴,必有祯祥②;国家将亡,必有妖孽③;见乎蓍龟④,动乎四体⑤。祸福将至:善,必先知之;不善,必先知之。故至诚如神。

[古注]

郑注:可以前知者,言天不欺至诚者也。前,亦先也。祯祥妖孽蓍龟之占,虽其时有小人愚主,皆为至诚能知者出也。四体,谓龟之四足,春占后左,夏占前左,秋占前右,冬占后右。

朱注:祯祥者,福之兆。妖孽者,祸之萌。蓍,所以筮。龟,所以卜。四体,谓动作威仪之间,如执玉高卑,其容俯仰之类。凡此皆理之先见者也。然惟诚之至极,而无一毫私伪留于心目之间者,乃能有以察其几焉。神,谓鬼神。

[注释]

①前知:预知前事。②祯祥:吉兆。祯,吉祥。③妖孽:人事与物类中的反常怪异现象。④见(xiàn):同"现",呈现。蓍(shī)龟:蓍草和卜龟。⑤动:表现在动作举止之中。

[今译]

至诚之道,可以预知未来。国家将盛,必有吉兆;国家将亡,必有妖异。这些征兆,都会呈现于占卜的蓍草、龟甲之上,表露在人们的四肢举止当中。祸福将至,好事一定能预知,坏事也是。所以说,至诚之心,可明察几微,如鬼神之明。

[解说]

以上第二十四章。

诚者自成也，而道自道也[①]。

[古注]

郑注：言人能至诚，所以自成也。有道艺所以自道达也。

朱注：言诚者物之所以自成，而道者人之所当自行也。诚以心言，本也；道以理言，用也。

[注释]

①道自道：道是自我实现的。前一个道是名词，后一个道作动词，达成，实现。

[今译]

诚是自我成就的，道也是自我实践而通达的。

[解说]

唐文治说："诚者，成也。此古训也。人道以诚为主，惟诚乃成为人，不诚则不成为人。《春秋穀梁传》曰：'人之于人也，以言受命……不若于言者，人绝之也。'人绝之者，为其言之不诚也。不成言，故不成人也。而'道自道'，郑注训为道达，朱注谓'道者人之所当自行'，二说未尝不同。盖道者五性之德，人惟有以自成，则吾性所固有者，自然能道达而推行于天下也。"

诚者物之终始，不诚无物。是故君子诚之为贵。

[古注]

郑注：物，万物也，亦事也。大人无诚，万物不生；小人无诚，则事不成。言贵至诚。

朱注：天下之物，皆实理之所为，故必得是理，然后有是物。所得之理既尽，则是物亦尽而无有矣。故人之心一有不实，则虽有所为亦如无有，而君子必以诚为贵也。盖人之心能无不实，乃为有以自成，而道之在我者亦无不行矣。

[今译]

诚的道理贯穿万物始终，不诚则无物，所以君子最重视诚。

诚者非自成己而已也①，所以成物也②。成己，仁也；成物，知也③。性之德也，合外内之道也，故时措之宜也④。

[古注]

郑注：以至诚成己则仁道立，以至诚成物则知弥博，此五性之所以为德也。外内所须而合也。外内犹上下。时措，言得其时而用也。

朱注：诚虽所以成己，然既有以自成，则自然及物，而道亦行于彼矣。仁者体之存，知者用之发，是皆吾性之固有，而无内外之殊。既得于己，则见于事者，以时措之，而皆得其宜也。

[注释]

①成己：自我成就。②成物：成就外物。③知：同"智"。④时：随时。措：运用，施行。

[今译]

至诚之人不仅自我成就，还能够成就外物。成就自己属于仁，成就外物则属于智。仁和智都是本性固有的品德，成己成物是内外结合的中庸之道，因此随时施用都能适宜。

[解说]

以上第二十五章。

故至诚无息①。

[古注]

朱注：既无虚假，自无间断。

[注释]

①息：停息。

[今译]

所以至诚之德光明正大，生生不息。

[解说]

唐文治说："《易·乾卦·象传》曰：'天行健，君子以自强不息。'乾言圣人之学，故曰'闲邪存其诚'，又曰'修辞立其诚'，'终日乾乾，与时偕行'，皆所以为不息也。"此《易》道之合于《中庸》也。

不息则久，久则征①，征则悠远，悠远则博厚，博厚则高明。

[古注]

郑注：征，犹效验也。此言至诚之德既著于四方，其高厚日以广大也。征，或为"彻"。

朱注：久，常于中也。征，验于外也。此皆以其验于外者言之。郑氏所谓"至诚之德，著于四方"者是也。存诸中者既久，则验于外者益悠远而无穷矣。悠远，故其积也广博而深厚；博厚，故其发也高大而光明。

[注释]

①征：效果，证验。

[今译]

　　生生不息就能恒久，恒久必能显现成效，有效果呈现就能悠久长远，悠久长远就能广博深厚，广博深厚就能高大光明。

[解说]

　　唐文治说："《易传》之赞恒卦曰：'恒，亨无咎利贞，久于其道也。'天地之道，恒久而不已也。"

　　博厚，所以载物也①；高明，所以覆物也②；悠久，所以成物也③。

[古注]

　　朱注：悠久，即悠远，兼内外而言之也。本以悠远致高厚，而高厚又悠久也。此言圣人与天地同用。

[注释]

　　①载：承载。②覆：覆盖。③成：成就。

[今译]

　　广博深厚可以承载万物，高大光明可以覆盖万物，悠久长远可以成就万物。

　　博厚配地，高明配天，悠久无疆。

[古注]

　　郑注：后言悠久者，言至诚之德既至博厚高明，配乎天地，又欲其长久行之。

　　朱注：此言圣人与天地同体。

[今译]

广博深厚与地相配,高大光明与天相配,悠久长远则广阔无际。

[解说]

唐文治说:"《易·坤卦》之《象传》曰:'君子以厚德载物。'所以配地也。《离卦》之《象传》曰:'大人以继明照于四方。'所以配天也。《恒卦》之《象传》曰:'君子以立不易方。'所以无疆也。"此亦《易》道之通于《中庸》者。

如此者,不见而章①,不动而变,无为而成。

[古注]

朱注:见,犹示也。不见而章,以配地而言也。不动而变,以配天而言也。无为而成,以无疆而言也。

[注释]

①见:同"现",表现。

[今译]

这样的至诚之道,无须表现而自然彰明,不必行动而自然流转,无所作为而自然成功。

天地之道,可一言而尽也:其为物不贰①,则其生物不测。

[古注]

郑注:言其德化与天地相似,可一言而尽,要在至诚。言至诚无贰,乃能生万物,多无数也。

朱注:此以下,复以天地明至诚无息之功用。天地之道,可一言而尽,不过曰诚而已。不贰,所以诚也。诚故不息,而生物之多,有莫知其所以然者。

[注释]

①不贰：精诚专一之意。

[今译]

天地之道可以一言蔽之，自身诚一不贰，故其化育万物之功精妙难测。

天地之道：博也，厚也，高也，明也，悠也，久也。

[古注]

郑注：此言其著见成功也。

朱注：言天地之道，诚一不贰，故能各极所盛，而有下文生物之功。

[今译]

天地之道，广博、深厚、高大、光明、悠远、长久。

今夫天①，斯昭昭之多②，及其无穷也，日月星辰系焉③，万物覆焉。今夫地，一撮土之多④，及其广厚，载华岳而不重⑤，振河海而不泄⑥，万物载焉。今夫山，一卷石之多⑦，及其广大，草木生之，禽兽居之，宝藏兴焉⑧。今夫水，一勺之多，及其不测，鼋鼍⑨、蛟龙、鱼鳖生焉，货财殖焉⑩。

[古注]

郑注：此言天之高明本生昭昭，地之博厚本由撮土，山之广大本起卷石，水之不测本从一勺，皆合少成多。自小致大，为至诚者亦如此乎。昭昭，犹耿耿，小明也。振，犹收也。卷，犹区也。

朱注：昭昭，犹耿耿，小明也。此指其一处而言之。及其无穷，犹十二章"及其至也"之意，盖举全体而言也。振，收也。卷，区也。此四条，皆以发明由其不贰、不息以致盛大而能生物之意。然天、地、山、川，实非由积累而后大，读者不以辞害意可也。

[注释]

①夫（fú）：代词。②昭昭：光明之貌。③系：维系。④撮（cuō）：以指取物，这里指所取之小。⑤华（huà）岳：华山和岳山。此华山非今之西岳华山。《尔雅·释山》："河南华，河西岳。"《周礼·夏官·职方氏》："河南曰豫州，其山镇曰华山。"又曰："正西曰雍州，其山镇曰岳山。"⑥振：包容。泄：泄露。⑦卷（quān）：郑玄注："卷，犹区也。"《左传》昭公三年："齐旧四量，豆、区、釜、钟，四升为豆。"杜预注："四豆为区，区斗六升。"区为计量单位，约为一斗六升。这里也是形容其小。⑧宝藏（zàng）：宝贝。兴：生产。⑨鼋（yuán）鼍（tuó）：巨鳖和子鳄。⑩殖：生长。

[今译]

这个天，说它小，就头顶这么一块光亮；而谈到它的无穷无尽，日月星辰都在其中，覆盖天下万物。这个地，说它小，摸上去就手上这么一把泥土；而论及它的广阔深厚，承载着华山和岳山也不觉沉重，容纳黄河、大海而不泄漏，承载万物。这个山，说它小，看上去就是一些斗大的石块；若论及它的高大，草木生长其中，禽兽居住其间，宝藏孕育于斯。这个水，说它小，就这么小小一勺；而论及其渊深不测，鼋鼍、鲛龙、鱼鳖之类都在此生长，各种丰富物产也聚集其中。

《诗》云:"维天之命,於穆不已①!"盖曰天之所以为天也。"於乎不显!文王之德之纯②!"盖曰文王之所以为文也,纯亦不已。

[古注]

郑注:天所以为天,文王所以为文,皆由行之无已,为之不止,如天地山川之云也。《易》曰"君子以顺德,积小以成高大"是与?

朱注:《诗·周颂·维天之命》篇。於,叹辞。穆,深远也。不显,犹言岂不显也。纯,纯一不杂也。引此以明至诚无息之意。程子曰:"天道不已,文王纯于天道,亦不已。'纯'则无二无杂,'不已'则无间断先后。"

[注释]

①维天之命,於(wū)穆不已:语出《诗经·周颂·维天之命》,诗意乃是歌颂文王之德。维,只有。於,叹词。穆,深远之貌。已,止。②於乎不显!文王之德纯:亦见《周颂·维天之命》。於乎,即"呜呼"。不,同"丕",大。纯,精诚不杂之貌。

[今译]

《诗》篇里说:"天道静穆,流转不止。"这是说天之所以为天的道理。又说:"啊!文王圣德纯粹,大显于天下。"这是说周文王之所以称"文王"的道理。他的德行如天道一样生生不息,流动不止。

[解说]

唐文治说:"'不显'与末章引《诗》'不显惟德'同,言幽深玄远之意,《诗》所赞'穆穆文王',正与天道之深远相合。子思子最善说《诗》。'盖曰',释诗人之词,体诗人之意也。天之所以为天,不已也。文王之所以为'文',纯也。第赞之曰'纯亦不已',而天之所以至诚无息者可知矣,而文王之所以配天者可知矣,而后世圣贤所以体天之德、所以学文王之德者,亦可知矣。善哉子思子之为《诗》也,以意逆志,孟子其善承师法者乎。"

以上第二十六章。

大哉圣人之道!

[古注]

朱注:包下文两节而言。

[今译]

伟大呀,圣人之道!

洋洋乎[①]!发育万物,峻极于天[②]。

[古注]

郑注:育,生也。峻,高大也。

朱注:峻,高大也。此言道之极于至大而无外也。

[注释]

①洋洋:美盛周遍之貌,孔颖达解释为"道德充满之貌"。②峻:高。

[今译]

盛大普遍!发育万物,其德高峻,达于上天。

优优大哉[①]!礼仪[②]三百,威仪三千[③]。

[古注]

朱注:优优,宽裕有余之意。礼仪,经礼也。威仪,曲礼也。此言道之入于至小而无间也。

[注释]

①优优：充足有余之态。②礼仪：吉、凶、军、宾、嘉五礼之纲目。③威仪：周旋揖让等动作仪文。

[今译]

充实广大呀！（圣人制礼，）大纲三百，仪文三千。

[解说]

黄以周说："'礼义'今作'礼仪'，非。当从古文作'礼义'，亦谓之'经礼'，谓礼中之大经大义。故十七篇如冠、昏、乡饮酒、燕、射、聘诸礼，作记者谓之《冠义》《昏义》《乡饮酒义》《燕义》《射义》《聘义》是也。'威仪'则礼义中之节目，亦谓之'曲礼'。《春秋传》曰'是以有动作礼义威仪之则'，字作'义'，犹存古。"

待其人而后行①。

[古注]

郑注：以为政在人，政由礼也。

朱注：总结上两节。

[注释]

①其人：有德之人。

[今译]

等待圣贤之人方能施行。

[解说]

《论语·卫灵公》子曰："人能弘道，非道弘人。"

故曰：苟不至德，至道不凝焉①。

[古注]

郑注：凝，犹成也。

朱注：至德，谓其人。至道，指上两节而言也。凝，聚也，成也。

[注释]

①凝：成。

[今译]

所以说，如果没有至德之人，大道就不会实现。

故君子尊德性而道问学①，致广大而尽精微②，极高明而道中庸③。温故而知新，敦厚以崇礼。

[古注]

郑注：德性，谓性至诚者。道，犹由也。问学，学诚者也。广大，犹博厚也。温，读如燖温之温，谓故学之孰矣，后时习之谓之温。

朱注：尊者，恭敬奉持之意。德性者，吾所受于天之正理。道，由也。温，犹燖温之温，谓故学之矣，复时习之也。敦，加厚也。尊德性，所以存心而极乎道体之大也。道问学，所以致知而尽乎道体之细也。二者修德凝道之大端也。不以一毫私意自蔽，不以一毫私欲自累，涵泳乎其所已知，敦笃乎其所已能，此皆存心之属也。析理则不使有毫厘之差，处事则不使有过不及之谬，理义则日知其所未知，节文则日谨其所未谨，此皆致知之属也。盖非存心无以致知，而存心者又不可以不致知。故此五句，大小相资，首尾相应，圣贤所示入德之方，莫详于此，学者宜尽心焉。

[注释]

①德性:至诚之德。道:追求,取径。②致:追求。尽:穷尽。③极:达到。

[今译]

因此君子尊崇至诚之德而勤学善问,追求广阔之境而又能穷尽精微之理,达到高明之境又遵循中庸之道。温习旧学,以不断增加新知;敦厚德行,从不放松礼仪修养。

是故居上不骄,为下不倍①;国有道其言足以兴②,国无道其默足以容③。《诗》曰"既明且哲,以保其身"④,其此之谓与⑤!

[古注]

郑注:兴,谓起在位也。保,安也。

朱注:兴,谓兴起在位也。《诗·大雅·烝民》之篇。

[注释]

①倍:通"背",背离。②兴:兴起,指在位。③容:被包容。④既明且哲,以保其身:出自《诗经·大雅·烝民》篇,旧说此诗为尹吉甫赞美周宣王任贤使能,中兴周室。明,聪明,高明。哲,有智慧,有洞见。保,安。⑤与(yú):同"欤"。

[今译]

所以君子居上位能不骄傲,处下位而不悖逆。国家有道,他的德言谋略足以使他在位;国家无道,他的沉潜静默足以全身远害。《诗》篇里说:"既聪明又有洞见,能够保全自身。"大概就是这个意思吧!

[解说]

唐文治说:"此《孝经》说也。《孝经·纪孝行章》曰:'居上不骄，为下不乱。'惟不倍，故不乱。'不好犯上而好作乱者，未之有也。'"

以上第二十七章。

子曰："愚而好自用①，贱而好自专②，生乎今之世，反古之道。如此者，灾及其身者也。"

[古注]

郑注：反古之道，谓晓一孔之人不知今王之新政可从。

朱注：以上孔子之言，子思引之。反，复也。

[注释]

①好：喜欢。自用：刚愎自用。②自专：独断专行。

[今译]

孔子说："愚昧而好刚愎自用，卑贱而好独断专行，生于现在的时代，偏要返回古代的治国路线，像这样的人，灾祸就要降到他的身上了。"

[解说]

"反古之道"云云，一般认为"反"字义为"返回"，强调不能泥古。如唐文治说："《易传》曰：'终日乾乾，与时偕行。'孟子曰：'孔子，圣之时者也。'时之为义大矣哉。"

《大戴礼记·哀公问五义》载孔子答鲁哀公云："生乎今之世，志古之道，居今之俗，服古之服，舍此而为非者，不亦鲜乎！"有人据此认为孔子尊崇古道，主张"反"字解释为"改变"，反古之道意为轻易改变先王之道。亦可备一说。

非天子，不议礼①，不制度②，不考文③。

[古注]

郑注：此天下所共行，天子乃能一之也。礼，谓人所服行也。度，国家宫室及车舆也。文，书名也。

朱注：此以下，子思之言。礼，亲疏贵贱相接之体也。度，品制。文，书名。

[注释]

①议礼：议定礼典。②制度：创设制度。③考文：考定文字。

[今译]

不是天子，就不该议定礼典，不可制作法度，不得考定文字。

今天下车同轨①，书同文②，行同伦③。

[古注]

郑注：今，孔子谓其时。

朱注：今，子思自谓当时也。轨，辙迹之度。伦，次序之体。三者皆同，言天下一统也。

[注释]

①轨：两轮之间称轨，亦即车辙。②文：字形，字体。据许慎《说文解字序》，依类象形谓之文，形声相益谓之字，著于竹帛谓之书。③伦：人伦，伦理。

[今译]

如今天下一统，车制相同，文字相同，伦理相同。

[解说]

郑注以"非天子"云云以下仍是孔子之言，今不取。

虽有其位，苟无其德①，不敢作礼乐焉；虽有其德，苟无其位，亦不敢作礼乐焉。

[古注]

郑注：言作礼乐者，必圣人在天子之位。

朱注：郑氏曰："言作礼乐者，必圣人在天子之位。"

[注释]

①苟：如果。

[今译]

虽身贵为天子，如果德不配位，仍然不敢制礼作乐；虽有圣人之德，如果不居其位，也是不敢制礼作乐的。

[解说]

唐文治说："此节言不敢作礼乐，非谓不敢述礼乐也，故下文即引孔子之学周礼以表明之。"

子曰："吾说夏礼，杞不足征也①；吾学殷礼，有宋存焉②；吾学周礼，今用之，吾从周。"

[古注]

郑注：征，犹明也。吾能说夏礼，顾杞之君不足与明之也。吾从周，行今之道。

朱注：此又引孔子之言。杞，夏之后。征，证也。宋，殷之后。三代之礼，孔子皆尝学之而能言其意；但夏礼既不可考证，殷礼虽存，又非当世之法，惟周礼乃时王之制，今日所用。孔子既不得位，则从周而已。

[注释]

①杞（qǐ）：武王灭商后，封夏禹之后于杞地，是为杞国。②宋：武王灭商后，封纣王之子武庚于殷墟，成王时武庚因反叛被诛，又改封纣王庶兄微子启于宋地，是为宋国。

[今译]

孔子说："我考论夏礼，可是作为夏朝后裔的杞国，却不足以验证它；我研究殷礼，如今仅有殷朝后裔宋国在；我学习周礼，今天我们鲁国还在习用，所以我遵从周礼。"

[解说]

《论语·八佾》子曰："夏礼吾能言之，杞不足征也；殷礼吾能言之，宋不足征也。文献不足故也。足，则吾能征之矣。"

黄以周说："《论语》云'宋不足征'，此云'有宋存焉'者，子思居宋久，知其先王之礼犹有存者，如乐有《桑林》，诗赋《新宫》，正考甫得《商颂》十二篇于周之大师，合左师献公合诸侯之礼六，皆先王之典籍也。然其可资考征者，亦寥寥数事，故《论语》概谓之不足征。子思尝对鲁穆公曰'臣书所记，臣祖之言，虽非正其辞，然犹不失其意'，其此之谓也。"

以上第二十八章。

王天下有三重焉①，其寡过矣乎②！

[古注]

郑注：三重，三王之礼。

朱注：吕氏曰："三重，谓议礼、制度、考文。惟天子得以行之，则国不异政，家不殊俗，而人得寡过矣。"

[注释]

①王（wàng）：称王。三重：郑玄认为是夏、商、西周三王之礼，朱子引吕氏认为是"议礼、制度、考文"三事，皆可通，译文姑从郑注。②寡：少。过："过犹不及"之"过"，指有失中庸之道。

[今译]

将来继周而得天下者，斟酌损益夏、商、周三代之礼，应该不会有失中庸之道吧！

[解说]

黄以周说："'三重'，上承夏礼、殷礼、周礼而言；'其寡过矣乎'，下对'不谬''不悖''无疑''不惑'而言也。"

唐文治说："三重，当依郑注谓三王之礼。寡过，指行礼者而言。过者，过乎中庸也。《周易》为寡过之书，而损、益二卦，尤为斟酌礼宜之根本，稍有所过，即失其中，损益之义大矣哉！"

上焉者虽善无征①，无征不信，不信民弗从②；下焉者虽善不尊③，不尊不信，不信民弗从。

[古注]

郑注：上，谓君也。君虽善，善无明征，则其善不信也。下，谓臣也。臣虽善，善而不尊君，则其善亦不信也。征，或为"证"。

朱注：上焉者，谓时王以前，如夏、商之礼虽善，而皆不可考。下焉者，谓圣人在下，如孔子虽善于礼，而不在尊位也。

[注释]

①上焉者：指在上位的国君。朱子解释为夏商时代的古礼，今不从。②弗：不。③下焉者：指在下位的圣贤。尊：居高位。

[今译]

在上位的国君,纵使有意行善,若非民心所愿,也不能取信于民,百姓自然不肯服从。居下位者,虽有意行善,但无天子之尊,(无力提倡,)也不能取信于民,百姓自然也不会服从。

[解说]

唐文治说:"朱注以上为时,下为位,其说未是。窃谓此上、下皆指位而言。"

故君子之道①:本诸身②,征诸庶民,考诸三王而不缪③,建诸天地而不悖④,质诸鬼神而无疑⑤,百世以俟圣人而不惑⑥。

[古注]

朱注:此君子,指王天下者而言。其道,即议礼、制度、考文之事也。本诸身,有其德也。征诸庶民,验其所信从也。建,立也,立于此而参于彼也。天地者,道也。鬼神者,造化之迹也。百世以俟圣人而不惑,所谓"圣人复起,不易吾言"者也。

[注释]

①君子:指国君。②本:立足。③缪:同"谬",错误。④建:立。⑤质:质问,质正。鬼神:这里指先圣。⑥俟:等待。

[今译]

所以国君制礼作乐,必须以修道立德为本,征验于百姓并取得信任,再往上考明夏、商、周三代圣王所立制度的因革损益,设立于天地之间而不悖自然之理,质正于先圣而心无疑虑,可以等待百世以降圣人的评判而不惶惑。

[解说]

唐文治说:"'征诸庶民'者,询谋佥同也。《洪范》云:'谋及卿士,谋及庶人……卿士从,庶民从,是之谓大同。'"

质诸鬼神而无疑,知天也;百世以俟圣人而不惑,知人也。

[古注]

郑注:知天知人,谓知其道也。鬼神从天地者也。《易》曰"故知鬼神之情状与天地相似"。圣人则之,百世同道。征,或为"证"。

朱注:知天知人,知其理也。

[今译]

质正于先圣而无疑虑,这是因为知晓天理;等待百世已降圣人的检验而不惶惑,这是由于懂得人道。

是故君子动而世为天下道①,行而世为天下法②,言而世为天下则③。远之则有望④,近之则不厌⑤。

[古注]

郑注:用其法度,想思若其将来也。

朱注:动,兼言行而言。道,兼法则而言。法,法度也。则,准则也。

[注释]

①动:兼言语、行动而言。世:世世代代,指恒久。道:常法。②行:行为,这里应该指政治举措。③言:言论号令。则:法则,模范。④远:远离。望:仰望。⑤厌:厌倦。

[今译]

因此，国君的言行可以长为天下所遵守，政治举措可以长为天下法度，言论号令可以长为天下法则。远方的人对国君长怀仰望之情，国君身边的人对国君永无厌倦之意。

[解说]

唐文治说："《孝经》曰：'非先王之法言不敢道，非先王之德行不敢行……口无择言，身无择行，言满天下无口过，行满天下无怨恶。'此曾子传诸子思子，而子思子备述师法也。"按：所引《孝经》文见《卿大夫章》。

《诗》曰①："在彼无恶②，在此无射③。庶几夙夜④，以永终誉⑤！"君子未有不如此而蚤有誉于天下者也⑥。

[古注]

郑注：射，厌也。永，长也。

朱注：《诗·周颂·振鹭》之篇。射，厌也。所谓此者，指本诸身以下六事而言。

[注释]

①《诗》曰：下引诗句出自《诗经·周颂·振鹭》，汉唐旧说多以为乃杞、宋二国来周朝助祭之诗。②恶（wù）：怨恨，厌恶。③射（yì）：《毛诗》作"斁"，厌倦。④庶几：希望。夙（sù）夜：早晚。⑤永：长保。终：恒久。一说通"众"。⑥蚤：通"早"。

[今译]

《诗》篇中说："在彼处没人怨恨，在此地无人厌倦。希望早起晚睡，长保美名。"国君从来没有不这样做却能早早享誉天下的。

[解说]

以上第二十九章。

仲尼祖述尧舜①，宪章文武②；上律天时③，下袭水土④。

[古注]

郑注：此以《春秋》之义说孔子之德。孔子曰："吾志在《春秋》，行在《孝经》。"二经固足以明之。孔子所述尧舜之道而制《春秋》，而断以文王、武王之法度。《春秋传》曰："君子曷为为《春秋》，拨乱世反诸正，莫近诸《春秋》。"其诸君子乐道尧舜之道与？末不亦乐乎尧舜之知君子也。又曰："是子也，继文王之体，守文王之法度，文王之法无求，而求，故讥之也。"又曰："王者孰谓？谓文王也。"此孔子兼包尧舜文武之盛德，而著之《春秋》，以俟后圣者也。律，述也。述天时，谓编年，四时具也。袭，因也。因水土，谓记诸夏之事，山川之异。

朱注：祖述者，远宗其道。宪章者，近守其法。律天时者，法其自然之运。袭水土者，因其一定之理。皆兼内外、该本末而言也。

[注释]

①祖述：传承并称述，朱子解释为"远宗其道"。②宪章：遵法并彰明，朱子解释为"近守其法"。③上律天时：郑玄解释为孔子修《春秋》，以春夏秋冬四时编年。律，述。天时，春夏秋冬四季，《尚书·尧典》有"定四时成岁"之文。朱子解释此句为效法顺应自然，似更直接明了。今从之。④袭：因袭。

[今译]

孔子远承尧舜之道，近法文王、武王的制度；上顺四时之变化，下依水土之所宜。

辟如天地之无不持载①，无不覆帱②，辟如四时之错行③，如日月之代明④。

[**古注**]

郑注：圣人制作其德，配天地如此，唯五始可以当焉。帱，亦覆也。帱或作"焘"。

朱注：错，犹迭也。此言圣人之德。

[**注释**]

①持载：维系、承载。②覆帱（dào）：覆盖、遮护。③错：更迭。④代：轮流。

[**今译**]

就如同天地那样无不维系承载，无不覆盖遮护，又好比四季之更迭运行，日月之先后辉映。

[**解说**]

唐文治说："'辟如天地'二句，言其大也。何以大？致中和而已。《左氏传》季札之论韶乐曰：'如天之无不帱也，如地之无不载也。'赞其中和之德也。'辟如四时'二句，言其久也。何以久？不息而已。《易传》曰：'日月得天而能久照，四时变化而能久成。'赞其不息之功也。"

万物并育而不相害①，道并行而不相悖②，小德川流③，大德敦化④，此天地之所以为大也。

[**古注**]

郑注：小德川流，浸润萌芽，喻诸侯也。大德敦化，厚生万物，喻天子也。

朱注：悖，犹背也。天覆地载，万物并育于其间而不相害；四时日月，错行代明而不相悖。所以不害不悖者，小德之川流；所以并育并行者，大德之敦化。小德者，全体之分；大德者，万殊之本。川流者，如川之流，脉络分明而往不息也；敦化者，敦厚其化，根本盛大而出无穷也。此言天地之道，以见上文取辟之意也。

[注释]

①育：生长发育。②悖：背离。③川：河水。④敦：敦厚。化：教化。

[今译]

万物共生互不妨害，大道并行而不相悖；小德如河水长流，浸润不息，大德敦厚盛大，化育无穷。这就是天地之所以伟大的原因。

[解说]

以上第三十章。

唯天下至圣，为能聪明睿知①，足以有临也②；宽裕温柔③，足以有容也；发强刚毅④，足以有执也⑤；齐庄中正⑥，足以有敬也；文理密察⑦，足以有别也⑧。

[古注]

郑注：言德不如此，不可以君天下也。盖伤孔子有其德而无其命。

朱注：聪明睿知，生知之质。临，谓居上而临下也。其下四者，乃仁、义、礼、知之德。文，文章也。理，条理也。密，详细也。察，明辩也。

[注释]

①知：同"智"。②临：居上临下。③宽裕：包容广大之貌。④发强：奋发自强。⑤执：能决断之。⑥齐（zhāi）：端庄虔敬之貌。⑦密：缜密。察：可以察识。⑧别：辨别是非。

[今译]

唯有天下至圣之人，才能聪明睿智，足以监临下民；宽和温柔，足以包容天下；奋发刚毅，足以决断国政；端庄中正，足以礼敬贤达；文理缜密可察，足以明辨是非。

[解说]

郑玄说此处伤孔子有其德而无其命，有见。

《孟子·万章下》："孔子，圣之时者也。孔子之谓集大成。集大成也者，金声而玉振之也。金声也者，始条理也；玉振之也者，终条理也。始条理者，知之事也；终条理者，圣之事也。"

朱子说"聪明睿知"以下四者，"乃仁、义、礼、知之德"。

黄以周说略有不同："唯天下至圣，其德如天地之大，为能兼全五性也。聪明睿知，智之临也；宽裕温柔，仁之容也；发强刚毅，信之执也；齐庄中正，礼之敬也；文理密察，义之别也。五性充盛，洋满于中而以时发见于外。"

唐文治说："《尚书·尧典》曰'直而温，宽而栗'。《论语》曰'宽则得众'。无'宽裕温柔'之德即不足于容众。《易传》曰'容民畜众'。又曰'容保民无疆'。容民者，君人唯一之度量也。发谓发皇。《尚书·皋陶谟》言九德，曰'刚而塞''强而义''扰而毅'。非此不足于执德也。'齐庄中正'，即本经所谓'齐明盛服'。"

溥博渊泉①，而时出之②。

[古注]

郑注：言其临下普遍，思虑深重，非得其时，不出政教。

朱注：溥博，周遍而广阔也。渊泉，静深而有本也。出，发见也。言五者之德，充积于中，而以时发见于外也。

[注释]

①溥（pǔ）博：广大宽阔之貌。渊泉：深沉静穆之态。②出：显现。

[今译]

圣人之德博大深沉，不时呈现于外。

[解说]

"溥博渊泉"，即本经"致广大而尽精微"之象。

溥博如天，渊泉如渊。见而民莫不敬，言而民莫不信①，行而民莫不说②。

[古注]

郑注：如天，取其运照不已也，如渊，取其清深不测也。

朱注：言其充积极其盛，而发见当其可也。

[注释]

①信：信任。②说：同"悦"。

[今译]

广博如天，深沉如渊。其德一有呈现，百姓无不崇敬；一有发令，百姓无不信赖；一有举措，百姓无不欣喜。

是以声名洋溢乎中国①，施及蛮貊②。舟车所至，人力所通，天之所覆，地之所载，日月所照，霜露所队③，凡有血气者，莫不尊亲④，故曰配天。

[古注]

郑注：尊亲，尊而亲之。

朱注：舟车所至以下，盖极言之。配天，言其德之所及，广大如天也。

[注释]

①洋溢：充满之貌。②施（yì）：扩展。蛮貊（mò）：泛指远方异族。③队：同"坠"。④尊亲：尊重和亲爱。

[今译]

因此，他的声誉充满中国，扩展到远邦异族。凡是车船能达、人力可通之地，天覆地载、日月照临、霜露坠落之处，凡有血气之人，没有不尊崇爱戴他的。所以说，圣人之德可以与天相配。

[解说]

以上第三十一章。

唯天下至诚，为能经纶天下之大经①，立天下之大本②，知天地之化育。夫焉有所倚③？

[古注]

郑注：至诚，性至诚，谓孔子也。大经，谓六艺而指《春秋》也。大本，《孝经》也。安有所倚，言无所偏倚也。故人人自以被德尤厚似偏颇者。

朱注：经，纶，皆治丝之事。经者，理其绪而分之；纶者，比其类而合之也。经，常也。大经者，五品之人伦。大本者，所性之全体也。惟圣人之德极诚无妄，故于人伦各尽其当然之实，而皆可以为天下后世法，所谓"经纶"之也。其于所性之全体，无一毫人欲之伪以杂之，而天下之道千变万化皆由此出，所谓"立"之也。其于天地之化育，则亦其极诚无妄者有默契焉，非但闻见之知而已。此皆至诚无妄，自然之功用，夫岂有所倚著于物而后能哉。

[注释]

①经纶：本义是治丝，这里指整理，综合。大经：郑玄认为是六经中的《春秋》，朱子解释为人伦之常道。译文从朱子。②大本：郑玄认为是《孝经》，朱子解释为"性之全体"，或即为中庸之德。此处从朱子。③夫（fú）：发语词。倚：郑玄解释为"偏倚""偏颇"，朱子解释为"倚着"，依靠之意。此处从朱子。

[今译]

唯有天下至诚之人，才能掌理治国的大道，确立人性的大德，知晓天地之化育。除了内心至诚，岂有依傍外物而能如此的？

肫肫其仁[①]！渊渊其渊[②]！浩浩其天[③]！

[古注]

郑注：肫肫，读如"诲尔忳忳"之"忳忳"。忳，恳诚貌也。肫肫，或为"纯纯"。

朱注：肫肫，恳至貌，以经纶而言也。渊渊，静深貌，以立本而言也。浩浩，广大貌，以知化而言也。其渊其天，则非特如之而已。

[注释]

①肫肫（zhūn zhūn）：恳切之貌。②渊渊：静深之貌。③浩浩：广大之貌。

[今译]

他恳切精诚，包涵仁德；静穆深沉，如渊之停；博大平和，洞明天道。

苟不固聪明圣知达天德者①，其孰能知之②？

[古注]

郑注：言唯圣人乃能知圣人也。《春秋传》曰："末不亦乐乎。尧舜之知君子。"明凡人不知。

朱注：固，犹实也。郑氏曰："惟圣人能知圣人也。"

[注释]

①苟：如果。固：确实。知：同"智"。天德：可以配天之德，指圣人之德。②其：反问语气词。知：知道，理解。

[今译]

如果不是确实聪明睿智、通达天德之人，谁又能够真正理解圣人之德呢？

[解说]

唐文治说："此章首节言至诚之功用，次节言至诚之学行气象，末节叹至诚之德未易窥测。"

以上第三十二章。

《诗》曰"衣锦尚䌹①",恶其文之著也②。故君子之道,暗然而日章③;小人之道,的然而日亡④。君子之道,淡而不厌⑤,简而文⑥,温而理⑦,知远之近⑧,知风之自⑨,知微之显,可与入德矣。

[古注]

郑注:言君子深远难知,小人浅近易知。人所以不知孔子,以其深远。禪为䌹,锦衣之美,而君子以䌹表之,为其文章露见,似小人也。淡,其味似薄也。简而文,温而理,犹简而辨,直而温也。自,谓所从来也。三知者,皆言其睹末察本,探端知绪也。入德,入圣人之德。

朱注:前章言圣人之德,极其盛矣。此复自下学立心之始言之,而下文又推之以至其极也。《诗·国风·卫·硕人》、《郑》之《丰》,皆作"衣锦褧衣"。褧、䌹同,禪衣也。尚,加也。古之学者为己,故其立心如此。尚䌹故暗然,衣锦故有日章之实。淡、简、温,䌹之袭于外也;不厌而文且理焉,锦之美在中也。小人反是,则暴于外而无实以继之,是以的然而日亡也。远之近,见于彼者由于此也。风之自,著乎外者本乎内也。微之显,有诸内者形诸外也。有为己之心,而又知此三者,则知所谨而可入德矣。故下文引《诗》言谨独之事。

[注释]

①衣(yì)锦尚䌹(jiǒng):《诗经·卫风·硕人》《郑风·丰》作"衣锦褧衣","褧"与"䌹"同。衣,穿着。尚,加。䌹,禅(单)衣,单层罩衣。②恶(wù):厌恶。著:显著。③暗(àn)然:隐密深远之貌,比喻君子德行隐微含蓄。章:彰显。④的(dì)然:鲜明显著之貌。亡:消退。⑤厌:厌倦。⑥简而文:简约而有文采。⑦温而理:温和而有理致。⑧之:虚词。⑨自:从。

[今译]

《诗》篇里说:"身穿锦服,外罩单衣。"这是厌恶锦绣的花纹过分显著。所以,君子德行深远隐微,随着时间慢慢彰显;小人德行张扬轻浮,随着时间逐渐消亡。君子立德处世之道是这样的:简约而有文采,温和而有理致,洞晓远近之理、风气所自、隐显之道,如此,方能渐入盛德之境。

[解说]

黄以周说:"此诗《卫风》《郑风》凡两见,皆不作'尚䌹'。盖《诗》本作'衣锦䌹衣',子思子以义易之。如引《诗》'伐柯伐柯',以义易之曰'执柯以伐柯',《孔丛子》孔臧与子琳书引作'操斧伐柯',与此正同。古人引书,往往有代用训诂之例也。"

唐文治说:"'知远之近',欲治其国,先齐其家也。'知风之自',欲齐其家,先修其身也。《易传》所谓'风自火出,家人。君子以言有物而行有恒也'。'知微之显'者,'欲修其身者,先正其心,欲正其心者,先诚其意'也。此子思子传曾子之学说也。三'知'字即所谓'知所先后',皆笃实之极功也。……此节盖类孟子所谓'可欲之为善'。"按:孟子语见《尽心下》,下文续有征引。

《诗》云:"潜虽伏矣,亦孔之昭[①]。"故君子内省不疚,无恶于志[②]。君子之所不可及者,其唯人之所不见乎!

[古注]

郑注:孔,甚也。昭,明也。言圣人虽隐居,其德亦甚明矣。疚,病也。君子自省，身无愆病，虽不遇世，亦无损害于己志。

朱注：《诗·小雅·正月》之篇。承上文言"莫见乎隐，莫显乎微"也。疚，病也。无恶于志，犹言无愧于心，此君子谨独之事也。

[注释]

①潜虽伏矣，亦孔之昭：语出《诗经·小雅·正月》，旧说为大夫刺周幽王之诗。潜，潜伏。孔，很。昭，明。《毛诗》作"照"。②恶（wù）：愧恨，自责。

[今译]

《诗》篇说："虽然隐伏深藏，但也被看得清清楚楚。"所以，君子自我反省而不内疚，也就无愧于心了。君子为人所不及者，应该就是这种慎独功夫吧！

[解说]

唐文治说："本经首章言天命之性，即继以慎独。独者，人之所不见也。……此节较'黯然日章'之君子，功夫加密，盖类孟子所谓'有诸己之谓信'。"按：孟子语见《尽心下》。

《诗》云："相在尔室，尚不愧于屋漏①。"故君子不动而敬，不言而信。

[古注]

郑注：言君子虽隐居，不失其君子之容德也。相，视也。室西北隅谓之屋漏。视女在室独居者，犹不愧于屋漏。屋漏非有人也，况有人乎？

朱注：《诗·大雅·抑》之篇。相，视也。屋漏，室西北隅也。承上文又言君子之戒谨恐惧，无时不然，不待言动而后敬信，则其为己之功益加密矣。故下文引《诗》并言其效。

[注释]

①相（xiàng）在尔室，尚不愧于屋漏：语出《诗经·大雅·抑》，《毛诗》小序指为卫武公刺厉王且自警之诗。此两句旧说解为诸侯卿大夫助祭天子宗庙，犹无半点愧畏敬肃之心。意为祭祀之大事尚且如此，其余诸事怠惰，可以想见。相，助。尔，你。室，宗庙。尚，犹。屋漏，房间的西北角落，古人在此设小帐以藏神主。但此处引《诗》，另有取义，郑玄注此经亦和笺《毛诗》不同，这里大意指"看你一人在室中，犹光明正大，无愧于神明"。依此义，"相"字释作"视"，"无愧"为问心无愧之意。

[今译]

《诗》篇里说："看你一人独处室内，仍然光明正大，无愧于神明。"君子不行动也常怀庄敬，不说话也心存诚信。

[解说]

唐文治说："此节较'内省不疚'之君子，工夫加密，盖类孟子所谓'充实之谓美'。"按：孟子语见《尽心下》。

《诗》曰："奏假无言，时靡有争①。"是故君子不赏而民劝②，不怒而民威于铁钺③。

[古注]

郑注：假，大也。此颂也。言奏大乐于宗庙之中，人皆肃敬，金声玉色，无有言者，以时太平和合，无所争也。

朱注：假，格同。《诗·商颂·烈祖》之篇。奏，进也。承上文而遂及其效，言进而感格于神明之际，极其诚敬，无有言说而人自化之也。威，畏也。铁，垩斫刀也。钺，斧也。

[注释]

①奏假（gé）无言，时靡（mí）有争：语出《诗经·商颂·烈祖》，《毛诗》小序指为祭祀商王中宗之诗。一说指祭成汤。奏，《毛诗》作"鬷"，这里二字通用，进献之意。假，来。靡，无。②劝：劝勉。③铁（fū）钺（yuè）：铡刀和大斧。这里代指刑罚。

[今译]

《诗》篇说："奏乐迎神之际寂然无声，一片肃敬没有纷争。"所以，（只要能够诚敬，）国君不必行赏而百姓自然勤勉，无须发怒而百姓自动畏惧刑罚。

[解说]

唐文治说："上三节皆言修己之功，此则推其效于民，其德为深远矣。……此节较'不动而敬'之君子工夫加密，盖类孟子所谓'充实而有光辉之谓大'。"按：孟子语见《尽心下》。

《诗》曰："不显惟德，百辟其刑之①。"是故君子笃恭而天下平②。

[古注]

郑注：不显，言显也。辟，君也。此颂也。言不显乎文王之德，百君尽刑之，谓诸侯法之也。

朱注：《诗·周颂·烈文》之篇。不显，说见二十六章，此借引以为幽深玄远之意。承上文言天子有不显之德，而诸侯法之，则其德愈深而效愈远矣。笃，厚也。笃恭，言不显其敬也。笃恭而天下平，乃圣人至德渊微，自然之应，中庸之极功也。

[注释]

①不显惟德，百辟其刑之：语出《诗经·周颂·烈文》，《毛诗》小序认为是成王亲政，诸侯助祭之诗。不，同"丕"，大。惟，助词。辟，国君，指诸侯。其，助词，强调语气。刑，同"型"，楷模，这里作动词。②笃恭：笃实恭敬，指致力于至诚之德。

[今译]

《诗》篇里说："大显天子之德，诸侯以为楷模。"所以，君子笃实恭敬就能安定天下。

[解说]

唐文治说："此节较'奏假无言'之君子工夫加密，盖孟子所谓'大而化之之谓圣'。"按：孟子语见《尽心下》。

《诗》云："予怀明德，不大声以色①。"子曰："声色之于以化民②，末也③。"《诗》曰"德輶如毛④"，毛犹有伦⑤。"上天之载，无声无臭⑥"，至矣！

[古注]

郑注：予，我也。怀，归也。言我归有明德者，以其不大声为严厉之色以威我也。輶，轻也。言化民常以德，德之易举而用，其轻如毛耳。伦，犹比也。载，读曰栽，谓生物也。言毛虽轻，尚有所比，有所比则有重。上天之造生万物，人无闻其声音，亦无知其臭气者。化民之德，清明如神，渊渊浩浩然后善。

朱注：《诗·大雅·皇矣》之篇。引之以明上文所谓不显之德者，正以其不大声与色也。又引孔子之言，以为声色乃化民之末务。今但言不大之而已，则犹有声色者存，是未足以形容不显之妙。不若《烝民》之诗所言"德𬨎如毛",则庶乎可以形容矣。而又自以为谓之毛,则犹有可比者,是亦未尽其妙。不若《文王》之诗所言"上天之事,无声无臭",然后乃为不显之至耳。盖声臭有气无形,在物最为微妙,而犹曰无之,故惟此可以形容不显笃恭之妙。非此德之外,又别有是三等,然后为至也。

[注释]

①予怀明德,不大声以色:见《诗经·大雅·皇矣》,《毛诗》小序说此诗乃赞美西周及文王之德。予,天帝自称。怀,归,心向。大声以色:声色俱厉之义。以,与。郑玄《毛诗笺》说:"天之言云,我归人君有光明之德,而不虚广言语以外作容貌。"②声色:言辞和容色。之:助词。于以:对于。③末:最后。④德𬨎(yóu)如毛:见《诗经·大雅·烝民》。道德的教化易于举用,如毛发之轻。𬨎,古代一种轻便的车,这里引申指轻。⑤伦:条理,伦类。⑥上天之载,无声无臭(xiù):语出《诗经·大雅·文王》。载,生育。臭,气味。

[今译]

《诗》篇说:"我会将天命赋予有德行的明君,不赋予对百姓声色俱厉之人。"孔子说:"以言辞声貌去教化百姓,那是最差的办法。"《诗》篇又说:"道德平易可用,如毛发之轻。"然而毛发毕竟还是具体之物(,不足以形容道德之高妙);《诗》篇又说:"上天化育万物,无声无味。"这才是以德化民的最高境界。

[解说]

唐文治说:"此节为圣人德化之极至,盖孟子所谓'圣而不可知之谓神'。"按:孟子语见《尽心下》。

以上第三十三章。

附录

程颢《明道先生改正大学》

大学之道,在明明德,在亲民,在止于至善。知止而后有定,定而后能静,静而后能安,安而后能虑,虑而后能得。物有本末,事有终始,知所先后,则近道矣。《康诰》曰:"克明德。"《太甲》曰:"顾諟天之明命。"《帝典》曰:"克明峻德。"皆自明也。汤之《盘铭》曰:"苟日新,日日新,又日新。"《康诰》曰:"作新民。"《诗》曰:"周虽旧邦,其命惟新。"是故君子无所不用其极。《诗》云:"邦畿千里,惟民所止。"《诗》云:"缗蛮黄鸟,止于丘隅。"子曰:"于止知其所止,可以人而不如鸟乎?"《诗》云:"穆穆文王,於缉熙敬止!"为人君止于仁,为人臣止于敬,为人子止于孝,为人父止于慈,与国人交止于信。古之欲明明德于天下者,先治其国;欲治其国者,先齐其家;欲齐其家者,先修其身;欲修其身者,先正其心;欲正其心者,先诚其意;欲诚其意者,先致其知;致知在格物。物格而后知至,知至而后意诚,意诚而后心正,心正而后身修,身修而后家齐,家齐而后国治,国治而后天下平。自天子以至于庶人,壹是皆以修身为本。其本乱而末治者否矣,其所厚者薄而其所薄者厚,未之有也。此谓知本,此谓知之至也。

所谓诚其意者,毋自欺也。如恶恶臭,如好好色,此之谓自谦,故君子必慎其独也。小人闲居为不善,无所不至,见君子而后厌然,掩其不善而著其善。人之视己,如见其肺肝然,则何益矣?此谓诚于中,形于外，故君子必慎其独也。曾子曰："十目所视，十手所指，其严乎！"富润屋，德润身，心广体胖，故君子必诚其意。

所谓修身在正其心者：身有所忿懥则不得其正，有所恐惧则不得其正，有所好乐则不得其正，有所忧患则不得其正；心不在焉，视而不见，听而不闻，食而不知其味。此谓修身在正其心。

所谓齐其家在修其身者：人之其所亲爱而辟焉，之其所贱恶而辟焉，之其所畏敬而辟焉，之其所哀矜而辟焉，之其所敖惰而辟焉。故好而知其恶，恶而知其美者，天下鲜矣。故谚有之曰："人莫知其子之恶，莫知其苗之硕。"此谓身不修不可以齐其家。

所谓治国必先齐其家者：其家不可教而能教人者，无之，故君子不出家而成教于国，孝者所以事君也，弟者所以事长也，慈者所以使众也。《康诰》曰："如保赤子。"心诚求之，虽不中不远矣。未有学养子而后嫁者也。一家仁，一国兴仁；一家让，一国兴让；一人贪戾，一国作乱。其机如此。此谓一言偾事，一人定国。尧、舜帅天下以仁而民从之，桀、纣帅天下以暴而民从之。其所令反其所好，而民不从。是故君子有诸己而后求诸人，无诸己而后非诸人。所藏乎身不恕，而能喻诸人者，未之有也。故治国在齐其家。《诗》云："桃之夭夭，其叶蓁蓁；之子于归，宜其家人。"宜其家人，而后可以教国人。《诗》云："宜兄宜弟。"宜兄宜弟，而后可以教国人。《诗》云："其仪不忒，正是四国。"其为父子兄弟足法，而后民法之也。此谓治国在齐其家。

所谓平天下在治其国者：上老老而民兴孝，上长长而民兴弟，上恤孤而民不倍，是以君子有絜矩之道也。所恶于上，毋以使下；所恶于下，毋以事上；所恶于前，毋以先后；所恶于后，毋以从前；所恶于右，毋以交于左；所恶于左，毋以交于右；此之谓絜矩之道。《诗》云："乐只君子，民之父母。"民之所好好之，民之所恶恶之，此之谓民之父母。《诗》云："节彼南山，维石岩岩。赫赫师尹，民具尔瞻。"有国者不可以不慎，辟则为天下僇矣。

《诗》云："瞻彼淇澳，菉竹猗猗。有斐君子，如切如磋，如琢如磨。瑟兮僩兮，赫兮喧兮。有斐君子，终不可諠兮。"如切如磋者，道学也；如琢如磨者，自修也；瑟兮僩兮者，恂栗也；赫兮喧兮者，威仪也；有斐君子终不可諠兮者，道盛德至善，民之不能忘也。《诗》云："於戏，前王不忘！"君子贤其贤而亲其亲，小人乐其乐而利其利，此以没世不忘也。子曰："听讼，吾犹人也，必也使无讼乎！"无情者不得尽其辞。大畏民志，此谓知本。《诗》云："殷之未丧师，克配上帝。仪监于殷，峻命不易。"道得众则得国，失众则失国。

是故君子先慎乎德，有德此有人，有人此有土，有土此有财，有财此有用。德者本也，财者末也。外本内末，争民施夺。是故财聚则民散，财散则民聚。是故言悖而出者，亦悖而入；货悖而入者，亦悖而出。《康诰》曰："惟命不于常。"道善则得之，不善则失之矣。《楚书》曰："楚国无以为宝，惟善以为宝。"舅犯曰："亡人无以为宝，仁亲以为宝。"《秦誓》曰："若有一个臣，断断兮无他技，其心休休焉，其如有容焉。人之有技，若己有之，人之彦圣，其心好之，不啻若自其口出，实能容之，以能保我子孙黎民，尚亦有利哉！人之有技，媢疾以恶之，人之彦圣，而违之俾不通，实不能容，以不能保我子孙黎民，亦曰殆哉！"唯仁人放流之，迸诸四夷，不与同中国。此谓唯仁人为能爱人，能恶人。见贤而不能举，举而不能先，命也；见不善而不能退，退而不能远，过也。好人之所恶，恶人之所好，是谓拂人之性，灾必逮夫身。

是故君子有大道，必忠信以得之，骄泰以失之。生财有大道，生之者众，食之者寡，为之者疾，用之者舒，则财恒足矣。仁者以财发身，不仁者以身发财。未有上好仁而下不好义者也，未有好义其事不终者也，未有府库财非其财者也。孟献子曰："畜马乘不察于鸡豚，伐冰之家不畜牛羊，百乘之家不畜聚敛之臣，与其有聚敛之臣，宁有盗臣。"此谓国不以利为利，以义为利也。长国家而务财用者，必自小人矣。彼为善之。小人之使为国家，灾害并至，虽有善者，亦无如之何矣！此谓国不以利为利，以义为利也。

——《二程集·河南程氏经说》

程颐《伊川先生改正大学》

大学之道，在明明德，在亲（当作新。）民，在止于至善。知止而后有定，定而后能静，静而后能安，安而后能虑，虑而后能得。物有本末，事有终始，知所先后，则近道矣。古之欲明明德于天下者，先治其国；欲治其国者，先齐其家；欲齐其家者，先修其身；欲修其身者，先正其心；欲正其心者，先诚其意；欲诚其意者，先致其知；致知在格物。物格而后知至，知至而后意诚，意诚而后心正，心正而后身修，身修而后家齐，家齐而后国治，国治而后天下平。自天子以至于庶人，壹是皆以修身为本。其本乱而末治者否矣。其所厚者薄，而其所薄者厚，未之有也。

子曰："听讼，吾犹人也，必也使无讼乎！"无情者不得尽其辞，大畏民志，此谓知本。（四字衍。）此谓知本，此谓知之至也。《康诰》曰："克明德。"《太甲》曰："顾諟天之明命。"《帝典》曰："克明峻德。"皆自明也。汤之《盘铭》曰："苟日新，日日新，又日新。"《康诰》曰："作新民。"《诗》曰："周虽旧邦，其命惟新。"是故君子无所不用其极。《诗》云："邦畿千里，惟民所止。"《诗》云："缗蛮黄鸟，止于丘隅。"子曰："于止知其所止，可以人而不如鸟乎！"《诗》云："穆穆文王，於缉熙敬止！"为人君止于仁，为人臣止于敬，为人子止于孝，为人父止于慈，与国人交止于信。

所谓诚其意者，毋自欺也。如恶恶臭，如好好色，此之谓自谦，故君子必慎其独也。小人闲居为不善，无所不至，见君子而后厌然，掩其不善而著其善。人之视己，如见其肺肝然，则何益矣？此谓诚于中，形于外，故君子必慎其独也。曾子曰："十目所视，十手所指，其严乎！"富润屋，德润身，心广体胖，故君子必诚其意。

所谓修身在正其心者：身（当作"心"。）有所忿懥则不得其正，有所恐惧则不得其正，有所好乐则不得其正，有所忧患则不得其正。心不在焉，视而不见，听而不闻，食而不知其味。此谓修身在正其心。

所谓齐其（其字衍。）家在修其身者：人之其所亲爱而辟焉，之其所贱恶而辟焉，之其所畏敬而辟焉，之其所哀矜而辟焉，之其所敖惰而辟焉。故好而知其恶，恶而知其美者，天下鲜矣！故谚有之曰："人莫知其子之恶，莫知其苗之硕。"此谓身不修不可以齐其家。

所谓治国必先齐其家者：其家不可教而能教人者，无之，故君子不出家而成教于国，孝者所以事君也，弟者所以事长也，慈者所以使众也。《康诰》曰："如保赤子。"心诚求之，虽不中不远矣。未有学养子而后嫁者也。一家仁，一国兴仁；一家让，一国兴让；一人贪戾，一国作乱。其机如此。此谓一言偾事，一人定国。尧舜帅天下以仁而民从之，桀纣帅天下以暴而民从之。其所令反其所好，而民不从。是故君子有诸己而后求诸人，无诸己而后非诸人。所藏乎身不恕，而能喻诸人者，未之有也。故治国在齐其家。《诗》云："桃之夭夭，其叶蓁蓁；之子于归，宜其家人。"宜其家人，而后可以教国人。《诗》云："宜兄宜弟。"宜兄宜弟，而后可以教国人。《诗》云："其仪不忒，正是四国。"其为父子兄弟足法，而后民法之也。此谓治国在齐其家。

所谓平天下在治其国者：上老老而民兴孝，上长长而民兴弟，上恤孤而民不倍，是以君子有絜矩之道也。所恶于上，毋以使下；所恶于下，毋以事上；所恶于前，毋以先后；所恶于后，毋以从前；所恶于右，毋以交于左；所恶于左，毋以交于右。此之谓絜矩之道。《诗》云："乐只君子，民之父母。"民之所好好之，民之所恶恶之，此之谓民之父母。《诗》云："节彼南山，维石岩岩。赫赫师尹，民具尔瞻。"有国者不可以不慎，辟则为天下僇矣。《诗》云："瞻彼淇澳，菉竹猗猗。有斐君子，如切如磋，如琢如磨。瑟兮僴兮，赫兮喧兮。有斐君子，终不可諠兮。"如切如磋者，道学也；如琢如磨者，自修也；瑟兮僴兮者，恂栗也；赫兮喧兮者，威仪也；有斐君子终不可諠兮者，道盛德至善，民之不能忘也。《诗》云："於戏，前王不忘！"君子贤其贤而亲其亲，小人乐其乐而利其利，此以没世不忘也。《康诰》曰："惟命不于常！"道善则得之，不善则失之矣。《楚书》曰："楚国无以为宝，惟善以为宝。"舅犯曰："亡人无以为宝，仁亲以为宝。"《秦誓》曰："若有一个臣，断断兮无他技，其心休休焉，其如有容焉。人之有技，若己有之，人之彦圣，其心好之，不啻若自其口出，实能容之，以能保我子孙黎民，尚亦有利哉。人之有技，媢疾以恶之，人之彦圣，而违之俾不通，实不能容，以不能保我子孙黎民，亦曰殆哉。"唯仁人放流之，迸诸四夷，不与同中国。此谓唯仁人为能爱人，能恶人。见贤而不能举，举而不能先，命也。（作怠之误也。）见不善而不能退，退而不能远，过也。好人之所恶，恶人之所好，是谓拂人之性，灾必逮夫身。

是故君子有大道，必忠信以得之，骄泰以失之。《诗》云："殷之未丧师，克配上帝。仪监于殷，峻命不易。"道得众则得国，失众则失国。是故君子先慎乎德。有德此有人，有人此有土，有土此有财，有财此有用。德者本也，财者末也，外本内末，争民施夺。是故财聚则民散，财散则民聚。是故言悖而出者，亦悖而入；货悖而入者，亦悖而出。

生财有大道，生之者众，食之者寡，为之者疾，用之者舒，则财恒足矣。仁者以财发身，不仁者以身发财。未有上好仁而下不好义者也，未有好义其事不终者也，未有府库财非其财者也。孟献子曰："畜马乘不察于鸡豚，伐冰之家不畜牛羊，百乘之家不畜聚敛之臣，与其有聚敛之臣，宁有盗臣。"此谓国不以利为利，以义为利也。长国家而务财用者，必自小人矣。彼为善之。小人之使为国家，灾害并至。虽有善者，亦无如之何矣！此谓国不以利为利，以义为利也。

——《二程集·河南程氏经说》

朱熹改定《大学》

大学之道，在明明德，在亲民，在止于至善。（程子曰："亲，当作新。"）知止而后有定，定而后能静，静而后能安，安而后能虑，虑而后能得。物有本末，事有终始，知所先后，则近道矣。古之欲明明德于天下者，先治其国；欲治其国者，先齐其家；欲齐其家者，先修其身；欲修其身者，先正其心；欲正其心者，先诚其意；欲诚其意者，先致其知；致知在格物。物格而后知至，知至而后意诚，意诚而后心正，心正而后身修，身修而后家齐，家齐而后国治，国治而后天下平。自天子以至于庶人，壹是皆以修身为本。其本乱而末治者否矣，其所厚者薄，而其所薄者厚，未之有也！

右经一章，盖孔子之言，而曾子述之。其传十章，则曾子之意而门人记之也。旧本颇有错简，今因程子所定，而更考经文，别为序次如左。

《康诰》曰："克明德。"《大甲》曰："顾諟天之明命。"《帝典》曰："克明峻德。"皆自明也。

右传之首章。释明明德。

汤之《盘铭》曰："苟日新，日日新，又日新。"《康诰》曰："作新民。"《诗》曰："周虽旧邦，其命惟新。"是故君子无所不用其极。

右传之二章。释新民。

《诗》云："邦畿千里，惟民所止。"《诗》云："缗蛮黄鸟，止于丘隅。"子曰："于止，知其所止，可以人而不如鸟乎！"《诗》云："穆穆文王，於缉熙敬止！"为人君，止于仁；为人臣，止于敬；为人子，止于孝；为人父，止于慈；与国人交，止于信。《诗》云："瞻彼淇澳，菉竹猗猗。有斐君子，如切如磋，如琢如磨。瑟兮僩兮，赫兮喧兮。有斐君子，终不可諠兮。"如切如磋者，道学也；如琢如磨者，自修也；瑟兮僩兮者，恂栗也；赫兮喧兮者，威仪也；有斐君子，终不可諠兮者，道盛德至善，民之不能忘也。《诗》云："於戏，前王不忘！"君子贤其贤而亲其亲，小人乐其乐而利其利，此以没世不忘也。

右传之三章。释止于至善。

子曰："听讼，吾犹人也，必也使无讼乎！"无情者不得尽其辞。大畏民志，此谓知本。

右传之四章。释本末。

此谓知本，（程子曰："衍文也。"）此谓知之至也。

右传之五章，盖释格物、致知之义，而今亡矣。闲尝窃取程子之意以补之曰："所谓致知在格物者，言欲致吾之知，在即物而穷其理也。盖人心之灵莫不有知，而天下之物莫不有理，惟于理有未穷，故其知有不尽也。是以大学始教，必使学者即凡天下之物，莫不因其已知之理而益穷之，以求至乎其极。至于用力之久，而一旦豁然贯通焉，则众物之表里精粗无不到，而吾心之全体大用无不明矣。此谓物格，此谓知之至也。"

所谓诚其意者，毋自欺也，如恶恶臭，如好好色，此之谓自谦，故君子必慎其独也。小人闲居为不善，无所不至，见君子而后厌然，掩其不善，而著其善。人之视己，如见其肺肝然，则何益矣。此谓诚于中，形于外，故君子必慎其独也。曾子曰："十目所视，十手所指，其严乎！"富润屋，德润身，心广体胖，故君子必诚其意。

右传之六章。释诚意。

所谓修身在正其心者，身有所忿懥，则不得其正；有所恐惧，则不得其正；有所好乐，则不得其正；有所忧患，则不得其正。（程子曰："'身有'之'身'当作'心'。"）心不在焉，视而不见，听而不闻，食而不知其味。此谓修身在正其心。

右传之七章。释正心修身。

所谓齐其家在修其身者：人之其所亲爱而辟焉，之其所贱恶而辟焉，之其所畏敬而辟焉，之其所哀矜而辟焉，之其所敖惰而辟焉。故好而知其恶，恶而知其美者，天下鲜矣！故谚有之曰："人莫知其子之恶，莫知其苗之硕。"此谓身不修不可以齐其家。

右传之八章。释修身齐家。

所谓治国必先齐其家者，其家不可教而能教人者，无之。故君子不出家而成教于国：孝者，所以事君也；弟者，所以事长也；慈者，所以使众也。《康诰》曰"如保赤子"，心诚求之，虽不中，不远矣。未有学养子而后嫁者也！一家仁，一国兴仁；一家让，一国兴让；一人贪戾，一国作乱。其机如此。此谓一言偾事，一人定国。尧舜帅天下以仁，而民从之；桀纣帅天下以暴，而民从之。其所令反其所好，而民不从。是故君子有诸己而后求诸人，无诸己而后非诸人。所藏乎身不恕，而能喻诸人者，未之有也。故治国在齐其家。《诗》云："桃之夭夭，其叶蓁蓁；之子于归，宜其家人。"宜其家人，而后可以教国人。《诗》云："宜兄宜弟。"宜兄宜弟，而后可以教国人。《诗》云："其仪不忒，正是四国。"其为父子兄弟足法，而后民法之也。此谓治国在齐其家。

右传之九章。释齐家治国。

所谓平天下在治其国者：上老老而民兴孝，上长长而民兴弟，上恤孤而民不倍，是以君子有絜矩之道也。所恶于上，毋以使下；所恶于下，毋以事上；所恶于前，毋以先后；所恶于后，毋以从前；所恶于右，毋以交于左；所恶于左，毋以交于右：此之谓絜矩之道。《诗》云："乐只君子，民之父母。"民之所好好之，民之所恶恶之，此之谓民之父母。《诗》云："节彼南山，维石岩岩。赫赫师尹，民具尔瞻。"有国者不可以不慎，辟则为天下僇矣。《诗》云："殷之未丧师，克配上帝；仪监于殷，峻命不易。"道得众则得国，失众则失国。是故君子先慎乎德。有德此有人，有人此有土，有土此有财，有财此有用。德者本也，财者末也，外本内末，争民施夺。是故财聚则民散，财散则民聚。是故言悖而出者，亦悖而入；货悖而入者，亦悖而出。《康诰》曰："惟命不于常。"道善则得之，不善则失之矣。《楚书》曰："楚国无以为宝，惟善以为宝。"舅犯曰："亡人无以为宝，仁亲以为宝。"《秦誓》曰："若有一个臣，断断兮无他技，其心休休焉，其如有容焉。人之有技，若己有之，人之彦圣，其心好之，不啻若自其口出，实能容之，以能保我子孙黎民，尚亦有利哉。人之有技，媢疾以恶之，人之彦圣，而违之俾不通，实不能容，以不能保我子孙黎民，亦曰殆哉。"唯仁人放流之，迸诸四夷，不与同中国。此谓唯仁人为能爱人，能恶人。见贤而不能举，举而不能先，命也；见不善而不能退，退而不能远，过也。好人之所恶，恶人之所好，是谓拂人之性，灾必逮夫身。是故君子有大道，必忠信以得之，骄泰以失之。生财有大道，生之者众，食之者寡，为之者疾，用之者舒，则财恒足矣。仁者以财发身，不仁者以身发财。未有上好仁而下不好义者也，未有好义其事不终者也，未有府库财非其财者也。孟献子曰："畜马乘不察于鸡豚，伐冰之家不畜牛羊，百乘之家不畜聚敛之臣，与其有聚敛之臣，宁有盗臣。"此谓国不以利为利，以义为利也。长国家而务财用者，必自小人矣。彼为善之，小人之使为国家，灾害并至。虽有善者，亦无如之何矣!此谓国不以利为利,以义为利也。

右传之十章。释治国平天下。凡传十章:前四章统论纲领指趣,后六章细论条目功夫。其第五章乃明善之要,第六章乃诚身之本,在初学尤为当务之急,读者不可以其近而忽之也。

——《四书章句集注》

朱熹《大学章句序》

《大学》之书，古之大学所以教人之法也。盖自天降生民，则既莫不与之以仁义礼智之性矣。然其气质之禀或不能齐，是以不能皆有以知其性之所有而全之也。一有聪明睿智能尽其性者出于其间，则天必命之以为亿兆之君师，使之治而教之，以复其性。此伏羲、神农、黄帝、尧、舜，所以继天立极，而司徒之职、典乐之官所由设也。

三代之隆，其法寖备，然后王宫、国都以及闾巷，莫不有学。人生八岁，则自王公以下，至于庶人之子弟，皆入小学，而教之以洒扫、应对、进退之节，礼乐、射御、书数之文；及其十有五年，则自天子之元子、众子，以至公、卿、大夫、元士之適子，与凡民之俊秀，皆入大学，而教之以穷理、正心、修己、治人之道。此又学校之教、大小之节所以分也。

夫以学校之设，其广如此，教之之术，其次第节目之详又如此，而其所以为教，则又皆本之人君躬行心得之余，不待求之民生日用彝伦之外，是以当世之人无不学。其学焉者，无不有以知其性分之所固有，职分之所当为，而各俛焉以尽其力。此古昔盛时所以治隆于上，俗美于下，而非后世之所能及也！

及周之衰，贤圣之君不作，学校之政不修，教化陵夷，风俗颓败，时则有若孔子之圣，而不得君师之位以行其政教，于是独取先王之法，诵而传之以诏后世。若《曲礼》《少仪》《内则》《弟子职》诸篇，固小学之支流余裔；而此篇者，则因小学之成功，以著大学之明法，外有以极其规模之大，而内有以尽其节目之详者也。三千之徒，盖莫不闻其说，而曾氏之传独得其宗，于是作为传义，以发其意。及孟子没而其传泯焉，则其书虽存，而知者鲜矣！

自是以来，俗儒记诵词章之习，其功倍于小学而无用；异端虚无寂灭之教，其高过于大学而无实。其他权谋术数，一切以就功名之说，与夫百家众技之流，所以惑世诬民、充塞仁义者，又纷然杂出乎其间。使其君子不幸而不得闻大道之要，其小人不幸而不得蒙至治之泽，晦盲否塞，反复沉痼，以及五季之衰，而坏乱极矣！

天运循环，无往不复。宋德隆盛，治教休明。于是河南程氏两夫子出，而有以接乎孟氏之传。实始尊信此篇而表章之，既又为之次其简编，发其归趣，然后古者大学教人之法、圣经贤传之指，粲然复明于世。虽以熹之不敏，亦幸私淑而与有闻焉。顾其为书犹颇放失，是以忘其固陋，采而辑之，闲亦窃附己意，补其阙略，以俟后之君子。极知僭逾，无所逃罪，然于国家化民成俗之意、学者修己治人之方，则未必无小补云。

淳熙己酉二月甲子，新安朱熹序。

——《四书章句集注》

朱熹《中庸章句序》

《中庸》何为而作也？子思子忧道学之失其传而作也。盖自上古圣神继天立极，而道统之传有自来矣。其见于经，则"允执厥中"者，尧之所以授舜也；"人心惟危，道心惟微，惟精惟一，允执厥中"者，舜之所以授禹也。尧之一言，至矣，尽矣！而舜复益之以三言者，则所以明夫尧之一言，必如是而后可庶几也。

盖尝论之：心之虚灵知觉，一而已矣，而以为有人心、道心之异者，则以其或生于形气之私，或原于性命之正，而所以为知觉者不同，是以或危殆而不安，或微妙而难见耳。然人莫不有是形，故虽上智不能无人心，亦莫不有是性，故虽下愚不能无道心。二者杂于方寸之间，而不知所以治之，则危者愈危，微者愈微，而天理之公卒无以胜夫人欲之私矣。精则察夫二者之间而不杂也，一则守其本心之正而不离也。从事于斯，无少间断，必使道心常为一身之主，而人心每听命焉，则危者安、微者著，而动静云为自无过不及之差矣。

夫尧、舜、禹，天下之大圣也。以天下相传，天下之大事也。以天下之大圣，行天下之大事，而其授受之际，丁宁告戒，不过如此。则天下之理，岂有以加于此哉？自是以来，圣圣相承：若成汤、文、武之为君，皋陶、伊、傅、周、召之为臣，既皆以此而接夫道统之传。若吾夫子，则虽不得其位，而所以继往圣、开来学，其功反有贤于尧舜者。然当是时，见而知之者，惟颜氏、曾氏之传得其宗。及曾氏之再传，而复得夫子之孙子思，则去圣远而异端起矣。子思惧夫愈久而愈失其真也，于是推本尧舜以来相传之意，质以平日所闻父师之言，更互演绎，作为此书，以诏后之学者。盖其忧之也深，故其言之也切；其虑之也远，故其说之也详。其曰"天命""率性"，则道心之谓也；其曰"择善固执"，则精一之谓也；其曰"君子时中"，则执中之谓也。世之相后，千有余年，而其言之不异，如合符节。历选前圣之书，所以提挈纲维、开示蕴奥，未有若是之明且尽者也。自是而又再传以得孟氏，为能推明是书，以承先圣之统。及其没，而遂失其传焉。则吾道之所寄不越乎言语文字之间，而异端之说日新月盛，以至于老佛之徒出，则弥近理而大乱真矣。然而尚幸此书之不泯，故程夫子兄弟者出，得有所考，以续夫千载不传之绪；得有所据，以斥夫二家似是之非。盖子思之功于是为大，而微程夫子，则亦莫能因其语而得其心也。惜乎！其所以为说者不传，而凡石氏之所辑录，仅出于其门人之所记，是以大义虽明，而微言未析。至其门人所自为说，则虽颇详尽而多所发明，然倍其师说而淫于老佛者，亦有之矣。

熹自蚤岁即尝受读而窃疑之，沉潜反复，盖亦有年，一旦恍然似有以得其要领者，然后乃敢会众说而折其中，既为定著《章句》一篇，以俟后之君子。而一二同志复取石氏书，删其繁乱，名以《辑略》，且记所尝论辩取舍之意，别为《或问》，以附其后。然后此书之旨，支分节解，脉络贯通，详略相因，巨细毕举，而凡诸说之同异得失，亦得以曲畅旁通，而各极其趣。虽于道统之传，不敢妄议，然初学之士，或有取焉，则亦庶乎行远升高之一助云尔。

淳熙己酉春三月戊申，新安朱熹序。

——《四书章句集注》

王阳明《大学古本序》(《困知记》本)

《大学》之要,诚意而已矣。诚意之功,格物而已矣。诚意之极,止至善而已矣。正心,复其体也;修身,著其用也。以言乎己,谓之明德;以言乎人,谓之亲民;以言乎天地之间,则备矣。是故至善也者,心之本体也,动而后有不善。意者,其动也;物者,其事也。格物以诚意,复其不善之动而已矣。不善复而体正,体正而无不善之动矣,是之谓止至善。圣人惧人之求之于外也,而反覆其辞。旧本析,而圣人之意亡矣。是故不本于诚意而徒以格物者,谓之支;不事于格物而徒以诚意者,谓之虚。支与虚,其于至善也远矣。合之以敬而益缀,补之以传而益离。吾惧学之日远于至善也,去分章而复旧本,旁为之什以引其义,庶几复见圣人之心,而求之者有其要。噫!罪我者,其亦以是矣。

——罗钦顺《困知记三续》

王阳明《大学古本序》(《王文成公全书》本)

《大学》之要,诚意而已矣。诚意之功,格物而已矣。诚意之极,止至善而已矣。止至善之则,致知而已矣。正心,复其体也;修身,著其用也。以言乎己,谓之明德;以言乎人,谓之亲民;以言乎天地之间,则备矣。是故至善也者,心之本体也。动而后有不善,而本体之知,未尝不知也。意者,其动也;物者,其事也。致其本体之知,而动无不善。然非即其事而格之,则亦无以致其知。故致知者,诚意之本也;格物者,致知之实也。物格则知致意诚,而有以复其本体,是之谓止至善。圣人惧人之求之于外也,而反覆其辞。旧本析而圣人之意亡矣。是故不务于诚意而徒以格物者,谓之支;不事于格物而徒以诚意者,谓之虚;不本于致知而徒以格物诚意者,谓之妄。支与虚与妄,其于至善也远矣。合之以敬而益缀,补之以传而益离。吾惧学之日远于至善也,去分章而复旧本,旁为之什以引其义。庶几复见圣人之心,而求之者有其要。噫!乃若致知,则存乎心;悟致知焉,尽矣。

——《王阳明全集》卷七《文录四》

王阳明《大学古本旁释》

大学之道，在明明德，在亲民，在止于至善。（明明德、亲民，犹修己安百姓。明德、亲民无他，惟在止于至善，尽其心之本体，谓之止至善。至善者，心之本体。知至善惟在于吾心，则求之有定向。）知止而后有定，定而后能静，静而后能安，安而后能虑，虑而后能得。物有本末，事有终始，知所先后，则近道矣。

古之欲明明德于天下者，（"明明德于天下"，犹《尧典》"克明峻德，以亲九族"至"协和万邦"。）先治其国；欲治其国者，先齐其家；欲齐其家者，先修其身；欲修其身者，先正其心；（心者身之主。）欲正其心者，先诚其意；欲诚其意者，先致其知；致知在格物。（意者心之发，知者意之体，物者意之用。如意用于事亲，即事亲之事格之，必尽夫天理，则吾事亲之良知无私欲之间，而得以致其极。知致，则意无所欺而可诚矣。意诚，则心无所放而可正矣。"格物"如"格君"之格，是正其不正以归于正。）

物格而后知至，知至而后意诚，意诚而后心正，心正而后身修，身修而后家齐，家齐而后国治，国治而后天下平。自天子以至于庶人，壹是皆以修身为本。（其本则在修身。知修身为本，斯谓知本，斯谓"知之至"。然非实能修其身者，未可谓之知修身也。修身惟在诚意，故特揭诚意，示人以修身之要。）其本乱而末治者，否矣。其所厚者薄，而其所薄者厚，未之有也。此谓知本，此谓知之至也。

所谓诚其意者，毋自欺也。（诚意只是慎独工夫，在格物上用，犹《中庸》之"戒""惧"也。）如恶恶臭，如好好色，此之谓自谦。故君子必慎其独也。（君子小人之分，只是能诚意与不能诚意。）小人闲居为不善，无所不至。见君子而后厌然，掩其不善，而著其善。人之视己如见其肺肝然，则何益矣？此谓诚于中，形于外。（此犹《中庸》之"莫见""莫显"。）故君子必慎其独也。曾子曰："十目所视，十手所指，其严乎！"（言此未足为严，以见独之严也。）富润屋，德润身，心广体胖，故君子必诚其意。（诚意工夫实下手处惟格物，引《诗》言格物之事。此下言格致。）

《诗》云："瞻彼淇澳，菉竹猗猗兮。有斐君子，如切如磋，如琢如磨。瑟兮僩兮，赫兮喧兮。有斐君子，终不可諠兮。"（惟以诚意为主，而用格物之工，故不须添一"敬"字。）"如切如磋"者，道学也；"如琢如磨"者，自修也；（犹《中庸》之"道问学""尊德性"。）"瑟兮僩兮"者，恂栗也；"赫兮喧兮"者，威仪也；（犹《中庸》之"齐明盛服"。）"有斐君子，终不可諠兮"者，道盛德至善，民之不能忘也。（格致以诚其意，则明德止于至善，而亲民之功亦在其中矣。）

《诗》云："於戏，前王不忘。"君子贤其贤而亲其亲，（明德亲民只是一事。）小人乐其乐而利其利。此以没世不忘也。（亲民之功至于如此，亦不过自用其明德而已。）《康诰》曰："克明德。"（又说归身上。）《太甲》曰："顾諟天之明命。"《帝典》曰："克明峻德。"皆自明也。（自明不已，即所以为亲民。）

汤之《盘铭》曰："苟日新，日日新，又日新。"《康诰》曰："作新民。"《诗》云："周虽旧邦，其命维新。"（孟子告滕文公养民之政，引此诗云："子力行之，亦以新子之国。"）是故君子无所不用其极。（君子之明德亲民岂有他哉？一皆求止于至善而已。）

《诗》云："邦畿千里，维民所止。"《诗》云："缗蛮黄鸟，止于丘隅。"子曰："于止，知其所止，可以人而不如鸟乎？"（止于至善，岂外求哉？惟求之吾身而已。）《诗》云："穆穆文王，於缉熙敬止。"为人君止于仁，为人臣止于敬，为人子止于孝，为人父止于慈，与国人交止于信。（又说归身上。）子曰："听讼，吾犹人也。必也使无讼乎！"（又即亲民中听讼一事，要其极，亦皆本于明德，则信乎以修身为本矣。）无情者，不得尽其辞，大畏民志。此谓知本。（又说归身上。）

所谓修身在正其心者，（修身工夫只是诚意。就诚意中体当自己心体，常令廓然太公，便是正心。）身有所忿懥，则不得其正；（此犹《中庸》未发之"中"。）有所恐惧，则不得其正；有所好乐，则不得其正；有所忧患，则不得其正。心不在焉，视而不见，听而不闻，食而不知其味。此谓修身在正其心。（正心之功，既不可滞于有，又不可堕于无。）

所谓齐其家在修其身者，人之其所亲爱而辟焉，之其所贱恶而辟焉，之其所畏敬而辟焉，之其所哀矜而辟焉，之其所敖惰而辟焉。（人之心体惟不能廓然太公，是以随其情之所发而碎焉。）故好而知其恶，恶而知其美者，天下鲜矣。（此犹中节之和。能廓然太公而随物顺应者，鲜矣。）故谚有之曰："人莫知其子之恶。莫知其苗之硕。"此谓身不修，不可以齐其家。

所谓治国必先齐其家者，其家不可教，而能教人者，无之。故君子不出家，而成教于国。（又说归身上。）孝者，所以事君也；弟者，所以事长也；慈者，所以使众也。《康诰》曰："如保赤子。"（亲民。）心诚求之，虽不中，不远矣。（只是诚意。）未有学养子而后嫁者也。一家仁，一国兴仁；一家让，一国兴让；一人贪戾，一国作乱；（又说归身上。）其机如此。此谓一言偾事，一人定国。尧舜帅天下以仁，而民从之；桀纣帅天下以暴，而民从之。其所令反其所好，而民不从。是故君子有诸己而后求诸人，无诸己而后非诸人。（又说归身上。）所藏乎身不恕，而能喻诸人者，未之有也。（只是诚意。）故治国在齐其家。《诗》云："桃之夭夭，其叶蓁蓁。之子于归，宜其家人。"宜其家人，而后可以教国人。《诗》云："宜兄宜弟。"宜兄宜弟，而后可以教国人。《诗》云："其仪不忒，正是四国。"其为父子兄弟足法，而后民法之也。此谓治国在齐其家。（宜家人、兄弟，与"其仪不忒"，只是修身。）

所谓平天下在治其国者，（又说归身上。）上老老而民兴孝，上长长而民兴弟，上恤孤而民不倍。（亲民。）是以君子有絜矩之道也。（工夫只是诚意。）所恶于上，毋以使下；所恶于下，毋以事上；所恶于前，毋以先后；所恶于后，毋以从前；所恶于右，毋以交于左；所恶于左，毋以交于右。此之谓絜矩之道。（只是诚意。）《诗》云："乐只君子，民之父母。"民之所好好之，民之所恶恶之，此之谓民之父母。（亲民。）《诗》云："节彼南山，维石岩岩。赫赫师尹，民具尔瞻。"有国者不可以不慎，辟则为天下僇矣。（惟系一人之身。）《诗》云："殷之未丧师，克配天地。仪监于殷，峻命不易。"道得众则得国，失众则失国。（身修则能得众。）是故君子先慎乎德。（又说归身上。修身为本。）有德此有人，有人此有土，有土此有财，有财此有用。德者，本也；财者，末也。外本内末，争民施夺。是故财聚则民散，财散则民聚。是故言悖而出者，亦悖而入；货悖而入者，亦悖而出。

《康诰》曰："惟命不于常。"（惟在此心之善否。）道善则得之，不善则失之矣。（善人只是全其心之本体者。）《楚书》曰："楚国无以为宝，惟善以为宝。"舅犯曰："亡人无以为宝，仁亲以为宝。"《秦誓》曰："若有一个臣，断断兮无他技，其心休休焉，其如有容焉。人之有技，若己有之。人之彦圣，其心好之，不啻若自其口出，实能容之，以能保我子孙黎民，尚亦有利哉！（此是能诚意者。）人之有技，媢疾以恶之；人之彦圣，而违之俾不通，实不能容，以不能保我子孙黎民，亦曰殆哉！"（是不能诚意者。）唯仁人放流之，迸诸四夷，不与同中国。此谓唯仁人为能爱人，能恶人。（仁是全其心之本体者。）见贤而不能举，举而不能先，命也；见不善而不能退，退而不能远，过也。好人之所恶，恶人之所好，是谓拂人之性，灾必逮夫身。是故君子有大道，必忠信以得之，骄泰以失之。（只是诚意。）

生财有大道，生之者众，食之者寡，为之者疾，用之者舒，则财恒足矣。仁者以财发身，不仁者以身发财。（能明德者则能亲民。）未有上好仁，而下不好义者也；（能明德则民亲。）未有好义，其事不终者也；未有府库财，非其财者也。孟献子曰："畜马乘，不察于鸡豚；伐冰之家，不畜牛羊；百乘之家，不畜聚敛之臣，与其有聚敛之臣，宁有盗臣。"此谓国不以利为利，以义为利也。长国家而务财用者，必自小人矣，彼为善之。小人之使为国家，灾害并至，虽有善者，亦无如之何矣。此谓国不以利为利，以义为利也。

——《续修四库全书》影印明万历刻《百陵学山》本

王阳明《大学问》

"《大学》者,昔儒以为大人之学矣。敢问大人之学何以在于'明明德'乎?"

阳明子曰:"大人者,以天地万物为一体者也,其视天下犹一家,中国犹一人焉。若夫间形骸而分尔我者,小人矣。大人之能以天地万物为一体也,非意之也,其心之仁本若是,其与天地万物而为一也。岂惟大人,虽小人之心亦莫不然,彼顾自小之耳。是故见孺子之入井,而必有怵惕恻隐之心焉,是其仁之与孺子而为一体也;孺子犹同类者也,见鸟兽之哀鸣觳觫,而必有不忍之心焉,是其仁之与鸟兽而为一体也;鸟兽犹有知觉者也,见草木之摧折而必有悯恤之心焉,是其仁之与草木而为一体也;草木犹有生意者也,见瓦石之毁坏而必有顾惜之心焉,是其仁之与瓦石而为一体也。是其一体之仁也,虽小人之心亦必有之。是乃根于天命之性,而自然灵昭不昧者也,是故谓之'明德'。小人之心既已分隔隘陋矣,而其一体之仁犹能不昧若此者,是其未动于欲,而未蔽于私之时也。及其动于欲,蔽于私,而利害相攻,忿怒相激,则将戕物圮类,无所不为,其甚至有骨肉相残者,而一体之仁亡矣。是故苟无私欲之蔽,则虽小人之心,而其一体之仁犹大人也;一有私欲之蔽,则虽大人之心,而其分隔隘陋犹小人矣。故夫为大人之学者,亦惟去其私欲之蔽,以自明其明德,复其天地万物一体之本然而已耳,非能于本体之外而有所增益之也。"

曰："然则何以在'亲民'乎？"

曰："'明明德'者，立其天地万物一体之体也。'亲民'者，达其天地万物一体之用也。故明明德必在于亲民，而亲民乃所以明其明德也。是故亲吾之父，以及人之父，以及天下人之父，而后吾之仁实与吾之父、人之父与天下人之父而为一体矣；实与之为一体，而后孝之明德始明矣！亲吾之兄，以及人之兄，以及天下人之兄，而后吾之仁实与吾之兄、人之兄与天下人之兄而为一体矣；实与之为一体，而后弟之明德始明矣！君臣也，夫妇也，朋友也，以至于山川鬼神鸟兽草木也，莫不实有以亲之，以达吾一体之仁，然后吾之明德始无不明，而真能以天地万物为一体矣。夫是之谓'明明德于天下'，是之谓家齐国治而天下平，是之谓尽性。"

曰："然则又乌在其为'止至善'乎？"

曰："至善者，明德、亲民之极则也。天命之性，粹然至善，其灵昭不昧者，此其至善之发见，是乃明德之本体，而即所谓良知也。至善之发见，是而是焉，非而非焉，轻重厚薄，随感随应，变动不居，而亦莫不自有天然之中，是乃民彝物则之极，而不容少有议拟增损于其间也。少有拟议增损于其间，则是私意小智，而非至善之谓矣。自非慎独之至，惟精惟一者，其孰能与于此乎？后之人惟其不知至善之在吾心，而用其私智以揣摸测度于其外，以为事事物物各有定理也，是以昧其是非之则，支离决裂，人欲肆而天理亡，明德、亲民之学遂大乱于天下。盖昔之人固有欲明其明德者矣，然惟不知止于至善，而骛其私心于过高，是以失之虚罔空寂，而无有乎家国天下之施，则二氏之流是矣。固有欲亲其民者矣，然惟不知止于至善，而溺其私心于卑琐，是以失之权谋智术，而无有乎仁爱恻怛之诚,则五伯功利之徒是矣。是皆不知止于至善之过也。故止至善之于明德、亲民也,犹之规矩之于方圆也,尺度之于长短也,权衡之于轻重也。故方圆而不止于规矩,爽其则矣;长短而不止于尺度,乖其剂矣;轻重而不止于权衡,失其准矣;明明德、亲民而不止于至善,亡其本矣。故止于至善以亲民,而明其明德,是之谓大人之学。"

曰:"'知止而后有定,定而后能静,静而后能安,安而后能虑,虑而后能得',其说何也?"

曰:"人惟不知至善之在吾心,而求之于其外,以为事事物物皆有定理也,而求至善于事事物物之中,是以支离决裂,错杂纷纭,而莫知有一定之向。今焉既知至善之在吾心,而不假于外求,则志有定向,而无支离决裂、错杂纷纭之患矣。无支离决裂、错杂纷纭之患,则心不妄动而能静矣。心不妄动而能静,则其日用之间,从容闲暇而能安矣。能安,则凡一念之发,一事之感,其为至善乎?其非至善乎?吾心之良知自有以详审精察之,而能虑矣。能虑则择之无不精,处之无不当,而至善于是乎可得矣。"

曰:"'物有本末',先儒以明德为本,新民为末,两物而内外相对也。'事有终始',先儒以知止为始,能得为终,一事而首尾相因也。如子之说,以新民为亲民,则本末之说亦有所未然欤?"

曰:"终始之说,大略是矣。即以新民为亲民,而曰明德为本,亲民为末,其说亦未为不可,但不当分本末为两物耳。夫木之干谓之本,木之梢谓之末,惟其一物也,是以谓之本末。若曰两物,则既为两物矣,又何可以言本末乎?新民之意,既与亲民不同,则明德之功,自与新民为二。若知明明德以亲其民,而亲民以明其明德,则明德、亲民焉可析而为两乎?先儒之说,是盖不知明德、亲民之本为一事,而认以为两事,是以虽知本末之当为一物，而亦不得不分为两物也。"

曰："'古之欲明明德于天下者'，以至于'先修其身'，以吾子明德亲民之说通之，亦既可得而知矣。敢问'欲修其身'，以至于'致知在格物'，其工夫次第又何如其用力欤？"

曰："此正详言明德、亲民、止至善之功也。盖身、心、意、知、物者，是其工夫所用之条理，虽亦各有其所，而其实只是一物。格、致、诚、正、修者，是其条理所用之工夫，虽亦皆有其名，而其实只是一事。何谓身？心之形体运用之谓也。何谓心？身之灵明主宰之谓也。何谓修身？为善而去恶之谓也。吾身自能为善而去恶乎？必其灵明主宰者欲为善而去恶，然后其形体运用者始能为善而去恶也。故欲修其身者，必在于先正其心也。然心之本体则性也。性无不善，则心之本体本无不正也。何从而用其正之之功乎？盖心之本体本无不正，自其意念发动而后有不正。故欲正其心者，必就其意念之所发而正之，凡其发一念而善也，好之真如好好色；发一念而恶也，恶之真如恶恶臭；则意无不诚，而心可正矣。然意之所发有善有恶，不有以明其善恶之分，亦将真妄错杂，虽欲诚之，不可得而诚矣。故欲诚其意者，必在于致知焉。致者，至也，如云'丧致乎哀'之'致'。《易》言'知至至之'，'知至'者，知也；'至之'者，致也。'致知'云者，非若后儒所谓充广其知识之谓也，致吾心之良知焉耳。良知者，孟子所谓'是非之心，人皆有之'者也。是非之心，不待虑而知，不待学而能，是故谓之良知。是乃天命之性，吾心之本体自然灵昭明觉者也。凡意念之发，吾心之良知无有不自知者。其善欤，惟吾心之良知自知之；其不善欤，亦惟吾心之良知自知之；是皆无所与于他人者也。故虽小人之为不善，既已无所不至，然其见君子，则必厌然掩其不善而著其善者，是亦可以见其良知之有不容于自昧者也。

今欲别善恶以诚其意，惟在致其良知之所知焉尔。何则？意念之发，吾心之良知既知其为善矣，使其不能诚有以好之，而复背而去之，则是以善为恶，而自昧其知善之良知矣。意念之所发，吾之良知既知其为不善矣，使其不能诚有以恶之，而复蹈而为之，则是以恶为善，而自昧其知恶之良知矣。若是，则虽曰知之，犹不知也，意其可得而诚乎！今于良知之善恶者，无不诚好而诚恶之，则不自欺其良知而意可诚也已。然欲致其良知，亦岂影响恍惚而悬空无实之谓乎？是必实有其事矣。故致知必在格物。物者，事也，凡意之所发必有其事，意所在之事谓之物。格者，正也，正其不正以归于正之谓也。正其不正者，去恶之谓也。归于正者，为善之谓也。夫是之谓'格'。《书》言'格于上下'，'格于文祖'，'格其非心'，格物之格实兼其义也。良知所知之善，虽诚欲好之矣，苟不即其意之所在之物而实有以为之，则是物有未格，而好之之意犹为未诚也。良知所知之恶，虽诚欲恶之矣，苟不即其意之所在之物而实有以去之，则是物有未格，而恶之之意犹为未诚也。今焉于其良知所知之善者，即其意之所在之物而实为之，无有乎不尽。于其良知所知之恶者，即其意之所在之物而实去之，无有乎不尽。然后物无不格，而吾良知之所知者无有亏缺障蔽，而得以极其至矣。夫然后吾心快然无复余憾而自谦矣，夫然后意之所发者，始无自欺而可以谓之诚矣。故曰：'物格而后知至，知至而后意诚，意诚而后心正，心正而后身修。'盖其功夫条理虽有先后次序之可言，而其体之惟一，实无先后次序之可分。其条理功夫虽无先后次序之可分，而其用之惟精，固有纤毫不可得而缺焉者。此格致诚正之说，所以阐尧舜之正传而为孔氏之心印也。"

——《王阳明全集》卷二十六《续编一》

唐文治《大学大义序》

"文王，我师也"，其谓大学之师范乎？《大学》一书，其周文王之教乎？奚以知其然也。昔成王封康叔于卫，周公为王作诰以训之，首曰："越乃丕显考文王，克明德。"大学之道，首在明明德，而广修身诚意之义。又首引《康诰》之辞，是述文王以立教也。《尚书》叙文王之德，莫详于《康诰》篇。而《大学》引"克明德"一语外，复引《康诰》曰"作新民"，又引《康诰》曰"如保赤子"，又引《康诰》曰"惟命不于常"，共四引之。是《康诰》一篇，为成周大学生徒所常诵习可知也。《诗》颂文王之德，莫详于《文王》篇。《大学》引《文王》之诗，一则曰"周虽旧邦，其命惟新"，又曰"穆穆文王，於缉熙敬止"，又曰"殷之未丧师，克配上帝"，共三引之。是《文王》一篇，为成周大学生徒所常诵习可知也。盖周初开国建学，菁莪棫朴，皆沾文王之化泽。济济多士，高山仰止者，文王而已矣。对越骏奔者，文王而已矣。秉文之德，岂非学校之彝训然哉！是故《文王世子》言弦诵之制，而不言学之道。《王制》言选士之法，而不言学之道。《学记》言教授之规程，而不言学之道。惟《大学》一书言其道。仁敬孝慈信，文王之道也。则孝弟慈仁让，固皆文王之道也。絜矩忠信，好仁好义，亦皆文王之道也。学者居其国，思其创学之人，步武其模范，想像其典型，故曰"於戏，前王不忘"。伟哉八百年之基业，其萌柢于《大学》之教乎！

周衰，孔子传其说，以授曾子，再传于子思子，三传于孟子。《孟子》七篇，发明《大学》之义尤夥。曰"人有恒言，皆曰天下国家，天下之本在国，国之本在家，家之本在身"，所谓"壹是皆以修身为本也"。"于所厚者薄，无所不薄也"，又曰"万物皆备于我矣，反身而诚，乐莫大焉，强恕而行，求仁莫近焉"，是数言者，尤赅《大学》全书之旨。盖万物皆备于我，格物之本也；反身而诚，修身以诚意为本也；强恕而行，所藏乎身者恕，絜矩之道也。是以《大学》一书以辨义利终，《孟子》一书以辨义利始。《大学》曰："未有上好仁而下不好义者也，未有好义其事不终者也。"《孟子》曰："未有仁而遗其亲者也，未有义而后其君者也。"遥遥相印证。盖学说如此，师法如此也。孟子之学，谓为文王所造就可也。惜乎战国之世，诸侯力政，皆去其籍，处士横议，黉舍为墟。孟子用是兢兢于庠序之教，申以孝悌之义，又曰"设为庠序学校以教之"。盖是时学校公然废弃，欲闻方策之遗训，古圣贤之道学威仪，而老师宿儒云散久矣。于是世道日衰，利欲日炽，人皆失其本心。平旦之气，不足存其好恶之公。在上者拂人之性，其所令反其所好，而民不从，以身发财之说盈天下，财聚民益散，府库空虚，而灾害并至。且夫争民施夺，不夺则不餍也。悖而入亦悖而出，出乎尔者反乎尔者也。孟子因季氏之聚敛，喟然叹曰："君不行仁政而富之，皆弃于孔子者也。况于为之强战？争地以战，杀人盈野；争城以战，杀人盈城。"血肉暴于郊原，性命等于土芥，痛乎哉！"一人贪戾，一国作乱"，其机乃如此哉！

昔者孔子缅怀大道之行，思复周公之治，故作《春秋》以正万世之大经大法。文治又读《康诰》之篇曰"天惟与我民彝大泯乱，曰乃其速由文王作罚"，窃谓"作罚"，治其末也。民彝泯乱，救以大学教育之道，此谓知本者也。《文王》之诗曰"思皇多士，生此王国"，《思齐》之诗曰"肆成人有德,小子有造"。呜呼!其文王之德也与!是文王之心也与!

　　岁在丁巳春二月唐文治自序。

——唐文治《大学大义》

唐文治《中庸大义序》

《中庸》其准《周易》而作乎？《易》上经首乾、坤言天道，下经首咸、恒言人道，而《中庸》常兼天道人道而言；《易》以山泽雷风水火子天地，《中庸》则以山水配天地，水土媲天时；《易》言"自强不息"，《中庸》则言"至诚无息"；《易》言"遁世无闷，不见是而无闷"，《中庸》则言"遁世不见知而不悔"；《易》言"庸言之信，庸行之谨"，《中庸》则言"庸德之行，庸言之谨"；《易》言"素履之往，独行愿"，《中庸》则言"素其位而行，不愿乎其外"；《易》言"学以序之，问以辨之，仁以行之"，《中庸》则言"博学之，审问之，明辨之，笃行之"；《易》言"厚德"，言"恒久"，《中庸》则言"博厚"，言"悠久"；《易》言"致一"，《中庸》则言"不贰"；《易》言"与鬼神合其吉凶"，"知鬼神之情状"；《中庸》则言"体物而不可遗"，"质诸鬼神而无疑"。大哉《易》也！至哉《中庸》也！天道之奥，人道之本，其悉备于此乎！

原人之所以配天者，汉董子《春秋繁露》曰："为人者天也。人之形体，化天数而成；人之血气，化天志而仁；人之德行，化天理而义；人之好恶，化天之暖清；人之喜怒，化天之寒暑。"又曰："身犹天也，天以终岁成人之身，故小节三百六十六，副日数也，大节十二分，副月数也。内有五藏，副五数也。外有四肢，副四时数也。乍视乍瞑，副昼夜也；乍刚乍柔，副冬夏也；乍哀乍乐，副阴阳也；心有计虑，副度数也；行有伦理，副天地也。"余按：董子之说精矣。人之生也，心为热度，象温带，背为冷度，象寒带，脉络血行，象川流，岂非尤明征哉！然而更有进。人之神明，分天之神明也。是以《易》曰"财成天地之道，辅相天地之宜"，《中庸》则曰尽人性，尽物性，赞天地之化育。"天地之大也，人犹有所憾"，孰觉其憾，人觉之也；孰弥其憾，人弥之也。憾无穷期，觉之弥之者，亦无止境也。此皆人之责，而心之神明为之也。故曰人者天地之心也。吾心之喜怒哀乐，浑浑焉沌沌焉，忽焉而清明之，厘然而各当焉。发而为刑赏庆罚，纭纭焉逐逐焉，忽焉而整理之，廓然而大公焉。"天叙有典"，"天秩有礼"，"天命有德"，"天工人其代之"，"致中和，天地位，万物育"，皆原于天命之性，故曰配天。

人人有配天之责，而卒至于违天悖天弃天绝天，子思子悯之焉，于是发明天之道人之道。人之为道而远人，不可以为道，此盖遥承乎《周易》之言天道人道。孟子得子思子传，曰："人之为道也……逸居无教，则近于禽兽。""人之所以异于禽兽者几希。"又曰："仁也者人也，合而言之道也。"此盖遥承乎《中庸》之言人道。痛乎哉！春秋之为战国，非一朝一夕之故也。世衰道微，人善其所私学，士游谈而不根。杨朱墨翟之言盈天下，贪利险诈之徒，轩然无所顾忌。于是争民施夺，杀机日开，争地以战，杀人盈野，争城以战，杀人盈城。仁义充塞，人将相食。六王毕，秦政出，焚书坑儒，而人道遂扫地以澌灭。痛乎哉！《周礼》有言曰，国有鸟兽行则狝之。天道生人而爱人，然人既自居于禽兽，则天亦无所施其爱，不得不禽畜而兽息之，禽狝而兽剃之。子思子悯焉，特于《中庸》开卷大书曰："天命之谓性，率性之谓道，修道之为教。"是性也，人性也；是道也，人道也；是教也，教人以为人之道也。是故《中庸》一书皆人道之教育也。

人之为道,孝而已矣。孝者,不学而能之良能,不虑而知之良知,即夫妇之愚不肖,可以与知而能行者也。"宜尔室家,乐尔妻孥","父母其顺矣乎!"爰推极于虞舜之大孝,武王周公之达孝,父在观其志,视于无形,听于无声;父殁观其行,丧则致哀,祭则致严。(严,肃敬也。)事死如事生,事亡如事存。明则有礼乐,幽则有鬼神。洋洋乎盛哉!孝之至也!反是而不顺乎亲,不信乎朋友,父母不以为子,则朋友疏之,人且绝之矣。盖《孝经》之"至德要道",基于和睦无怨,而君子之本立道生,始于不犯上,不作乱。和顺之气与横逆之气,岂不较然大分哉!凡人处家庭之际,周旋父母之间,曷为而有恻恻缠绵之情,与夫愉快踊跃依恋思慕之致?皆良知良能之所发也。天命之性,性斯生矣。生则恶可已也?修道之教,教斯孝矣,德之本也,教之所由生也。扩而充之,则有以立天下之大本,可以保四海而致太平矣。故曰:"思事亲不可以不知人,思知人不可以不知天。"此盖人道之根于天命,教育者当引其固有之知能也。

人之为道,诚而已矣。诚之之道,慎独而已矣。《大学》八条目,以修身为本,而修身必以诚意为本。诚之为功大矣!"质诸鬼神而无疑,百世以俟圣人而不惑",诚也。"肫肫其仁,渊渊其渊,浩浩其天",诚也。"维天之命,於穆不已",诚也。"文王之德之纯",亦诚也。君子所以戒慎不睹,恐惧不闻,必由隐以达见,由微以达显者,岂好为迂拘哉!察吾心之诚伪,即察吾心之善恶也。正学榛莽,饰伪朋兴,小人闲居为不善,无所不至,见君子而后厌然,甚至以奸邪险诈之行,托为光明正大之言,必经人再思之,三思之,四五思之,而后知其为诈,知其为险,知其为奸邪。呜呼!人道至此,社会宁有正直之士,寰宇讵有清明之望耶？且夫主持人道者，乐人之生，不乐人之死。然而死者多而生者少。夫天下生者多而死者少，而吾反言之者，吾所谓生死，在乎心之理与气，而不在乎身，在乎心之精神，而不在乎形体。诚者心之理气辅以行者也，理昧没而气亦灭。诚者心之精神也，精神存而百事兴，精神亡而形乃徒存。是故诚伪之界，生死之关也。诚者自成也，物之终始，不诚无物。毂梁子曰："不若于言者，人绝之也。"天下岂有不诚而可成为言者？天下岂有不诚而可成为人者？古人有言，作伪日拙。吾谓日拙亦云幸矣；苟一念不诚，而祸害即随之。此主持人道者所当大声疾呼以救之者也。

人之为道，礼义而已矣。礼义之始根于天叙。《左氏传》刘子曰："人受天地之中以生，所谓命也。是以有动作礼义威仪之则，以定命也。"命即天命之性也，中即喜怒哀乐未发之中也，"动作礼义威仪之则"，即率性之道也。又曰"勤礼莫如致敬……敬在养神"，养神之道，内以慎独，外以行礼。"齐明盛服，非礼不动"，所以养神也。"礼义三百，威仪三千"，皆所以养神也。敦厚崇礼，岂惟君子当然，上下皆由之。"居上不骄，为下不倍"，礼也。"言足以兴"，"默足以容"，合乎礼也。"愚而好自用，贱而好自专"，悖乎礼也。"动而世为天下道，言而世为天下法，行而世为天下则"，动容周旋，悉中乎礼也。人道有礼则安，无礼则危，君子所以纳民于轨物，而天下之所以长治而久安者，礼义而已。乾坤开辟以来，狉狉榛榛，俗尚质野。迄乎唐虞之世，敬敷五教，彝伦攸叙，而五伦始定，君臣也，父子也，夫妇也，昆弟也，朋友之交也。五者，天下之达道也，天地之常经，不可得而变革者也。末俗浇漓，人心纰缪，乃敢昌言废弃人伦，于是父子相残，君臣相杀，夫妇相暌，兄弟交相愈，朋友交相倾轧，而人道益苦，天下大乱。呜呼！古之圣人，为礼教人，惟欲人之自别于禽兽。后之妄人，弃礼诬民，惟恐人之或异于禽兽。子思子痛后世之流弊，故特揭之曰"行同伦"，盖人之所以为人者，伦也。《相鼠》之诗曰："人而无礼，胡不遄死。"人而无伦，何以为礼，更何以为人？然则主持人道者，舍人伦礼义，奚以救世哉！

人道教育，政治而已矣。子曰"人道敏政"，惟人道有以敏政，亦惟政有以敏人道，二者相为表里者也。为政在人，取人以身，九经先修身，修身之道，中和而已。《易传》言"纯粹""中正"，"保合太和"。中和之时义大矣哉！在上者之喜怒哀乐，与夫一颦一笑，消息之几，皆关系天下之治乱，而上应乎天时。治世之阴阳寒暑俱不愆期，乱世之阴阳寒暑举失其时者，何也？天下皆中和之气，则阴阳寒暑行以渐，发而为和风甘雨也；天下皆乖戾之气，则阴阳寒暑行以骤，发而为疾风暴雨也。《洪范》休征"曰肃时雨若"，"曰圣时风若"，肃者敬，得其中也，圣者通，得其和也；咎征"曰狂恒雨若"，"曰蒙恒风若"，狂者惑，失其中也，蒙者隔，失其和也。好风好雨，百谷用成，岂幸致哉！皆中和也。天地之大，人犹有憾，非天地果有憾也，人事为之也。圣人知天地之憾，必以中和之道挽救之，弥补之，是故戒慎恐惧而罔敢懈。尽人性，尽物性，中和也。经纶天下之大经，立天下之大本，知天地之化育，中和也。由暗然内省，推而至于不动不言，不赏不怒，笃恭而天下平，中和也。无声无臭，中和之至也。孟子绍述子思子学，曰"有不忍人之心，斯有不忍人之政"，"人人亲其亲，长其长，而天下平"，中和之至也。后世违乎中而为偏，悖乎和而为激，愈偏则愈激。事变之颠倒，偏为之也；风潮之汹洞，激为之也。一心一意之差，而百姓受其毒。悲夫！"王天下有三重焉，其寡过矣乎"，"虽有其德，苟无其位，不敢作礼乐焉"，礼乐者，萌柢于中和者也。孔子"上律天时，下袭水土"，中之至也；"万物并育而不相害，道并行而不相悖"，和之至也。郑君释天下之圣节，三叹言之,曰"伤孔子之有德而无其命也"。虽然,《中庸》之学说,传诸万世,其犹奚伤也?虽然,《中庸》之学说,后之人无有能信守之者,其能无伤也?

岁在屠维协洽病月,唐文治自序。

——唐文治《中庸大义》

主要参考书目

《礼记注疏》，［汉］郑玄 注，［唐］孔颖达 疏，中华书局，1981年影印《十三经注疏》本。

《四书章句集注》，［宋］朱熹 撰，中华书局，2012年版。

《二程集》，［宋］程颢、程颐 撰，中华书局，2004年版。

《王阳明全集》，［明］王守仁 撰，上海古籍出版社，2011年版。

《子思子辑解》，［清］黄以周 撰，《续修四库全书》影印清末南菁书院刻本。

《四书大义》，［民国］唐文治 撰，上海交通大学出版社影印民国施氏醒园刊本，2016年版。